Johannes Girmindl

Hot Whiskey

Johannes Girmindl, 1978 in Wien geboren. Seit 1994 Musik. Veröffentlicht im Eigenverlag Tonträger und schreibt unentwegt neue Lieder, manchmal auch Bücher. Das letzte, Die Moral ist eine Hure (2012)

www.girmindl.at

Johannes Girmindl

Hot Whiskey

Roman

Bibliographische Information der Deutschen Nationalbibliothek:

Die Deutsche Nationalbibliothek verzeichnet diese Publikation in der Deutschen Nationalbibliographie; detaillierte bibliographische Daten sind im Internet über http://dnb.dnb.de abrufbar.

© 2014 Johannes Girmindl

Herstellung und Verlag: BoD – Books on Demand

ISBN: 978-3-7386-0774-1

5

6

Hot Whiskey

kochendes Wasser

Zucker

Whiskey

Zitrone

einige Nelken

Whiskeyglas anwärmen

Wasser und Whiskey im gewünschten Verhältnis eingießen,

dazu etwas Zucker, die Zitrone und die Nelken

sofort servieren

8

Prolog

10

Ich bin, das kann ich ruhigen Gewissens behaupten, ein geduldiger Mensch. Zweifelsfrei ist es bisher nie der Fall gewesen, dass ich noch vor Beginn einer längeren Wartezeit aufspringe und mich lautstark über deren Länge beschwere. Es ist mir auch nicht erinnerlich, dass ich jemals unruhig auf meinem Sessel zu zappeln begonnen habe, weil ich eben noch nicht an der Reihe gewesen war. Wie gesagt, ich habe Geduld und kann warten. Meine Frau, die dummerweise in diesem Moment nicht bei mir war, würde sogar sagen, ich hätte zu viel Geduld. Ich würde eher sagen, man kann mich nicht so leicht aus der Ruhe bringen, einigen wir uns darauf. Warum ich ihnen das alles aber mitteile, hat folgenden Grund. Ich sitze in einem etwas engen und, wenn sie mich fragen, seit Jahrzehnten nicht mehr veränderten Wartezimmer und warte, weiß aber lediglich worauf ich warte. Warum ich warte entzieht sich meiner Kenntnis. In der guten Dreiviertelstunde, die ich mittlerweile hier verbracht hatte, konnte ich reichlich darüber nachdenken, die Lösung aber, ließ auf sich warten. Als ich diesen Raum betrat, war ich, abgesehen von der Sprechstundenhilfe, die in etwa dasselbe Alter wie die Einrichtung dieses Raumes haben mochte, die einzige Person diesseits der Eingangstür. Ich brachte kurz mein Anliegen vor, schilderte das Wie und Warum und sie meinte, ich solle einmal Platz nehmen. Gut, ich tat das voller Hoffnung und Freude. Wann kommt man schon mal zum Arzt und es ist niemand im Warteraum? Keine unruhigen Kinder und deren nörgelnde Erziehungsberechtigte, beziehungsweise Menschen der älteren Generationen zwischen Pension und Buchclub, die ihre Vormittage in der Arztpraxis verbringen um nicht ganz alleine zu sein. Nun, vielleicht war es hier anders. Mit den Gepflogenheiten des Landes war ich nur in geringem Ausmaß vertraut. Ich war schon des Öfteren hier gewesen, aber welchen Einblick bekommt man schon als Tourist?

Ich wartete also weiter. Meine Beschwerden waren erträglich, sie schienen aber nicht enden zu wollen. Ich vertraute zwar sehr stark meinen Selbstheilungskräften, in diesem Fall aber, schienen sie ebenso ratlos zu sein und konnten mich nicht unterstützen, selbst wenn sie es wollten. Ich verspürte seit einigen Tagen eine vehemente Übelkeit, die sich nicht auflösen wollte. Anfangs dachte ich an einen

Anflug von Seekrankheit, doch als sich dieser Anflug nicht wieder verabschieden wollte, wollte ich mich auf die Suche nach einer Apotheke machen. Eine schnelle und praktische Lösung sollte angedacht werden, denn ich wollte meine drei Wochen Urlaub nicht im Bett verbringen. Das brachte mich aber zum nächsten Problem; es gab hier keine. Anscheinend waren Apotheken nur in größeren Ortschaften vorgesehen, hier gab es, abgesehen von zwei Pubs, ebenso vielen Kirchen, einem Umschlagplatz für alles Mögliche (abgesehen von leichter Arznei (wir haben dafür keine Lizenz)) wie unter anderem Konservendosen, Briefmarken, Seife und anderen Hygieneartikeln auch Bier (dafür hatten sie anscheinend eine Lizenz) sowie Zeitschriften und Ähnliches Kramuri. Meine Zigaretten musste ich mir im Pub holen, rauchen durfte ich sie vor der Tür.

Zwischenzeitlich hatte mich nun die etwas ältere Dame gefragt ob ich denn versichert sei. Ich bejahte und zeigte nicht nur meine österreichische Krankenversicherungskarte, auch ecard genannt, sondern auch meine neulich erworbene Zusatzversicherungskarte; in weiser Voraussicht und nach eindringlichem Bitten meiner Angetrauten hatte ich eine solche Versicherung abgeschlossen. Man kann ja nie wissen, hatte sie gemeint. Gut, man konnte auch nie wissen, dass man, geschätzt, eine halbe Ewigkeit warten musste um an die Reihe zu kommen; wie lange dauerte es eigentlich ohne Zusatzversicherung. Und wie lange würde es hier dauern, wären überhaupt Patienten im Warteraum.

Der Vorteil dieser Zusatzversicherung war, abgesehen von einigen Luxuszusätzen auf die ich nicht näher eingehen möchte, betreffen sie doch auch unter anderem, die Heimholung meiner sterblichen Überreste, sollte es in diesen Wochen zu meinem Ableben kommen, nicht in Bar eine Arztrechnung begleichen zu müssen, um sich dann, auf vielerlei Umwegen, sein Geld von der Krankenversicherung im eigenen Land rückfordern zu dürfen. Wir wissen, wie es um die Einfachheit solcher Rückerstattungen beschaffen ist.

Nun kam Bewegung in die Sache; die Schwester schien ein Formular für mich gefunden zu haben und brachte es mir. Ich sollte es ausfüllen. Das aber in einem Tempo, das sich konträr zur Ruhe und Besonnenheit der bisherigen Wartezeit verhielt. Ich hatte eine der drei Seiten ausgefüllt und wurde schon gefragt ob ich fertig sei. Ich sputete mich also, in der Hoffnung endlich zum hier residierenden und regierenden Allgemeinmediziner vorgelassen zu werden, und kreuzte an und hakte ab; nach bestem Wissen und Gewissen. Meine Kenntnisse der englischen Schriftsprache waren nicht übel, manches Wort verstand ich trotzdem nicht. Um einer übermäßigen Verlängerung, meiner an sich schon stolzen Wartezeit keinen Vorschub zu leisten, beantwortete ich die Fragen mit Hilfe meiner, an sich regen Phantasie und kreuzte wie wild, unterschrieb dreimal und davon zweimal mit Datum.

Freudestrahlend, wie es mein Zustand eben zuließ, übergab ich ihr den Bogen, den sie kurz überflog, dann aufstand und hinter einer Tür verschwand, hinter der ich den hiesigen Arzt vermutete. Und Recht sollte ich behalten. Ich hatte mich gerade hingesetzt und wollte nochmals, aus Ermangelung an Zeitschriften, die mittlerweile etwas farblos wirkenden Tapeten begutachten, da öffnete sich besagte Tür und ein älterer, etwas gebückt gehender Mann, der meines Erachtens nach schon bei der Schöpfungsgeschichte anwesend gewesen sein musste, sah mich an und meinte, ich solle eintreten.

16

Pint I

It could be worse

18

Shot 1

Was ich daran schätze ist das allein sein. Nicht die Einsamkeit, das ist etwas vollkommen anderes. Alleine an Deck, das Wetter äußerst unfreundlich und der Wind kurz vorm Sturm. Ich hatte das schon einige Male erlebt, nun war es das erste Mal alleine. Und mit alleine, meine ich alleine. Nicht alleine an Deck, einen ruhigen Moment für mich selbst; nein, alleine für die nächsten drei Wochen. Weit von zu Hause, weg vom Alltag, von allen Unannehmlichkeiten und Annehmlichkeiten, Gewohnheiten und Kompromissen. Der St Georges Channel war nicht stürmisch. Ein raues Gewässer, das auf den Atlantik traf, mehr nicht, in diesem schmalen Korridor zwischen England und Irland, in dem sich die Wellen an unendlich vielen Felsen brachen, wo die Wassermassen ihre Kraft an den meterhohen Steilküsten entfalteten und sich die Natur selbst zur Schau stellt. Ich war das erste Mal in meiner Jugend in dieses Land gereist, damals noch mit dem Rucksack, einem Zelt samt Schlafsack und Gaskocher. Wir waren damals zu zweit gewesen und hatten vier Wochen Zeit gehabt. Wir hatten damals überhaupt viel Zeit. Jetzt, gute zwanzig Jahre später wollte ich wieder hierherkommen. In der Zwischenzeit war ich mehrere Male mit den verschiedensten Personen hergekommen, die letzten paar Male mit meiner Familie. Anfangs waren wir zu dritt, das letzte Mal zu fünft. Und glauben sie mir, die Zeit der gemeinsamen Urlaube hatte sich dem Verfallsdatum genähert, die Interessen waren altersbedingt von großem Unterschied und es gab Schlagworte wie Freiheit, Selbständigkeit und Auszeit. Die nahm ich mir nun also. Nicht, dass es Probleme in unserer Ehe gab, im Gegenteil. Der Nachwuchs war so gut wie aus dem Haus oder kam lediglich zum Essen beziehungsweise zum mehrmals monatlichen Zahltag und somit fand sich auch der eine oder andere Tag für uns, der seine erotischen Möglichkeiten wollüstig zur Schau stellte. Auf einmal war Zeit im Überfluss vorhanden.

Das Flugzeug hatte mich bis nach Swansea gebracht. Natürlich hätte ich einen Flug direkt nach Dublin oder Cork buchen können, aber das wollte ich nicht. Für mich gehörte eine Überfahrt zum Programm. Mit der Fähre übers Wasser. Ein wesentlicher Bestandteil des Ganzen. Es war so, als würde man eine Schleuse durchschreiten, durch die man hindurch musste; und auf der anderen Seite angekommen, war man selbst jemand anderer.

Ich hatte für dieses Mal nicht viel Gepäck. Ich wollte mich auf das Wesentliche konzentrieren und das waren mit Sicherheit nicht die sogenannten Sehenswürdigkeiten des Landes oder gar das Nachtleben der Hauptstadt. Ich wollte das Land selbst atmen, ich wollte mir einen Ort finden, der ursprünglich und bewahrt war, der sich noch nicht an die Tourismusbranche, an Menschen wie mich verkauft hatte. Ich wollte die Quadratur des Kreises. Ich wollte das, was jeder Tourist wollte, Urlaub ohne Touristen, ohne diese Inszenierung. Ich wollte mich drei Wochen an einem abgelegenen Fleckchen einquartieren und einfach da sein. Ich wollte Teil des Ganzen werden, zumindest bis zu meiner Abreise. Ich hatte mir also Hin und Rückflug zurechtgebucht und war dazwischen relativ auf mich selbst gestellt. Finanziell brauchte ich mir keine Gedanken machen. Ich hatte meine beiden Karten dabei, die ich nutzen konnte und war sonst auch noch durch eine Travelcashcard abgesichert. Sollten alle Stricke reißen, würde ich in diesem Fall von daheim Unterstützung erfahren.

Was ich an der Fähre so schätzte war einerseits, die Erinnerungen die sie in mir weckte und andrerseits war es eine gute Vorbereitung auf ein entschleunigtes Dasein, das mich jedes Mal erwartete sobald ich einen Fuß auf den Boden dort setzte. Ich bestellte mir an der Bar einen Pint Murphy´s und war glücklich einmal an gar nichts denken zu müssen. Lediglich an Zigaretten. Ich hatte die leidige Angewohnheit, wenn ich Alkohol außer Haus trank, dazu rauchen zu müssen. Woher dieser Zwang, sich zum Bier eine Zigarette anzünden zu müssen kam, weiß ich nicht. Möglicherweise lag es daran, dass ich es in meiner Jugend gewöhnlich so getan hatte und nun war ich hier ein Glas mit nahezu schwarzem Inhalt und einer Packung John Players am Tisch. Nachdem ich die erste Hälfte der Überfahrt an Deck verbracht hatte, war ich wieder ins Warme gekommen um mich etwas aufzuwärmen. Nicht, dass ich mir leicht eine Erkältung zuzog, im Gegenteil, ich war so gut wie nie krank, nein, ich wollte einfach alles auf einmal. Ich wollte alleine an Deck stehen, den Wellen zuhören, rauen Wind im Gesicht spüren, die Feuchtigkeit der Luft im Haar, gleichzeitig sitzend vor mich hinstarren, dieses eigenartige Bier trinkend, Zigaretten rauchend, zeitlos im Hier und Jetzt, ohne Vergangenheit und mit ungewisser Zukunft an die ich keine Gedanken verschwendete. Wie gesagt, ich hatte mir nicht viele Pläne zurechtgelegt, ich wollte an Land gehen und mich erst einmal umsehen. Ich fühlte mich recht sicher mit diesem Vorhaben, Ein Dach über dem Kopf würde ich ohnehin an jeder Ecke finden und damit auch Speis und Trank. Es war jetzt kurz nach halb zwei und wir würden in etwa einer halben Stunde landen, damit hatte ich noch einige Zeit um mir ein Quartier für die Nacht zu suchen. An einem Wochentag kein Problem, auch nicht am Land. Rosslare Harbour war zwar einer der am meisten angefahrenen Fährhafen, ansonsten aber ein etwas verschlafener Küstenort, der Hauptsächlich Umschlagplatz für Container war. Ich hatte ohnehin nicht vor dort zu bleiben. Ich wollte mich, unmittelbar nach meiner Ankunft auf den Weg ins Landesinnere machen. Etwa eine Autostunde dazu verbrauchen und mich dann nach einem kleinen Flecken umsehen an dem ich zumindest die nächsten paar Tage verbringen wollte.

Das zweite Murphy´s hatte nicht dieselbe Wirkung wie das erste. Das erste hatte einen emotionalen Kulissenwechsel zur Folge gehabt, das zweite gehörte schon zum neuen Bühnenbild und fiel dementsprechend nicht mehr auf. Der Rahmen war da, die Zeit musste ihn nur noch füllen. Ich dachte an den

Rest meiner Familie, unserer Bande, wie ich sie in den letzten Jahren immer genannt hatte. Mit zunehmendem Alter ödete es zwar meine Kinder an, mir gefiel es aber, brachte es mir doch ein wenig die längst vergangenen Erlebnisse zumindest als Erinnerungen wieder. Meine beiden Töchter, sie waren 21 und 17 wohnten seit kurzen in einer gemeinsame Wohnung. Anna, die jüngere der beiden, packte die Möglichkeit, zu ihrer Schwester zu ziehen, beim Schopf. Thea war vor zwei Jahren, nachdem sie ihre Matura absolviert hatte aus ihrem Zimmer im obersten Geschoss unseres Hauses ausgezogen. Sie hatte sechs Monate auf Achse verbracht, war querfeldein durch Südamerika getrampt und dann wieder wohlbehalten in Wien angekommen. Auf die Wiedersehensfreude folgte der Schock als sie uns verkündete, sie wolle nun auf eigenen Beinen stehen. Gut, wir durften sie unterstützen um eine geeignete Wohnung für sie zu finden, das war es aber auch schon. Seitdem widmete sie sich ihrem Germanistikstudium und besuchte uns in unregelmäßigen Abständen. Samuel war also der letzte verblieben Spross unserer Familie, der auch seine Anschrift mit uns teilte. Er war selten daheim, zumindest kam es mir so vor. Sein Zimmer war oft leer, wenn ich vom Büro nach Hause kam und nachsehen wollte, wie es ihm denn so gehe und die Wochenenden schien er regelmäßig zu verschlafen. Wenn ich mich an meine eigenen Jugendjahre erinnere, so kann ich es ihm nicht verdenken. Nun ist es wohl zu spät, um jung zu sterben, dachte ich mir und nahm einen letzten Schluck aus meinem Glas.

Ich spürte dass der Motor gedrosselt wurde und der Kapitän wohl zum Landemanöver ansetzte. Es gab die obligaten Durchsagen, dass es eine Freude gewesen sei mich als Gast zu haben, ich solle wieder kommen und einige weitere Informationen, denen ich aber nicht mehr Aufmerksamkeit schenkte, weil ich sie ohnehin nicht wissen wollte. Ich ließ das leere Glas stehen und stand auf. An Deck reihte ich mich in die überschaubare Menge an Rucksacktouristen und LKW-Fahrern ein um mich endlich ins gelobte Land zu begeben.

Shot 2

Weil es ja hauptsächlich ums Wetter geht; es regnete nicht, es war leicht sonnig und der Himmel durchzogen von einigen Wolken, Die aber halten würden. Man konnte das sehen, wenn man wusste worum es dabei ging. Ich war gerade aus der Halle gekommen, die als Hauptattraktion, dieses wunderbare Förderband besaß, auf dem jegliche Gepäckstücke lagen, die einerseits nicht mehr als Handgepäck durchgingen und andrerseits nicht zu jedem Eck der Fähre mitgetragen werden wollten. Die Spur des Bandes verlief fast durch die halbe Halle, sodass genügend Platz für ein schnelles Pick-Up der Gepäckstücke möglich war. Der Rest bestand aus hauptsächlich geschlossenen Schaltern, zwei Kartenautomaten und einem Imbiss, der aber auch geschlossen hatte. Ich pickte also up und verließ diesen Schauplatz, um mich draußen nach etwas Essbaren umzusehen. Ich hatte mittlerweile Hunger bekommen. Waren es die beiden Murphy´s die meinen Magen gedehnt hatten oder war es einfach der lange Abstand zu meiner letzten Mahlzeit gewesen; etwas, und sei es nur ein Sandwich musste her. Links und rechts war ein großzügiger Parkplatz angelegt, der, abgesehen von einer Handvoll Wagen, völlig leer war. Die Ankunft an solchen Fährhafen war mir bis jetzt noch nie so trostlos vorgekommen, alles wirkte wie ausgestorben, als wäre man in einer Geisterstadt angekommen. Das lag natürlich auch daran, dass es ein kleines Stück weiter in den eigentlichen Ort war und hier lediglich der Hafen war. Man kam hierher um zu arbeiten, nicht um zu wohnen. Schaffte man sich hier einen künstlichen Abstand zwischen Wohn und Arbeitsplatz, der nicht notwendig war oder tat man es um nicht direkt am Strand zu wohnen, zu nahe an der rauen See, die oftmals unberechenbar sein konnte und ihre Urgewalt zeigte, obwohl sie im Moment relativ ruhig vor sich hin wogte. Nach so einer Überfahrt, kann es manchmal der Fall sein, dass einem sein Gleichgewichtsorgan etwas zu schaffen macht. Ich hatte bisher, wenn ich mich recht erinnere, noch keinerlei Probleme damit gehabt. Gut, ich war noch nie bei stürmischer See auf einem Boot, geschweige denn einem Schiff gewesen, ich bin für solche Fragen also gänzlich der Falsche; als ich das erste Mal länger mit einer Fähre unterwegs war, wir fuhren damals fast die ganze Nacht, ging es meinem Mitreisenden recht übel, ich bemerkte damals von all dem aber nichts, er glaubte wahrscheinlich, dass er die Nacht nicht überleben würde. Ich kann mich noch erinnern, wie er seinem Abendessen nachweinte, er hatte es quasi umsonst zu sich genommen und was noch schlimmer gewesen war, auch bezahlt.

Ich freute mich, als ich den Wagen bemerkte, der aus seinem Rückfenster Erfrischungen und Snacks zu bieten hatten. Zumindest versprach das das bunte, und offensichtlich selbst gemalte Schild an der Seite des Wagens. Wahrscheinlich konnte man es mit anderen beliebig austauschen, um so gewappnet für jegliche Art von Geschäft zu sein. Ich erkundigte mich, was es denn so im Angebot gäbe und musste prompt erfahren, dass ich mir nicht den Kopf darüber zerbrechen musste, woraus mein Imbiss bestehen würde. Es gab Chips, gesalzen oder mit Essig, zweierlei Sandwich und Äpfel. Ich entschied mich für das Sandwich mit Hühnerfleisch. Die äußerst nette Dame, die ihn mir durch das geöffnete Fenster reichte, fügte noch hinzu, dass sie ihn selbst, heute Morgen frisch zubereitet hatte. Ich bezahlte mit einem Fünfeuroschein und bekam mehr als die Hälfte wieder retour. Solch moderate Preise war ich nicht gewohnt. Lag das nun an der gemeinsamen Währung? Konnten wir Touristen nun besser vergleichen, konnte man uns nun nicht mehr so leicht übers Ohr hauen? Ich hatte nie den

Eindruck, dass wir ausgenommen worden waren auf unseren Reisen. England schien noch teurer zu sein und Irland? Es war noch abgelegener. Und das Bier kostete bei uns fast das gleiche. Es hatte seinen Vorteil, die gleiche Währung zu haben. Die Nachbarinsel hatte ihre ja behalten, und ich finde, das zu Recht. Ich fand das britische Pfund war uns schon lange voraus gewesen. Gut, wir hatten jetzt auch unsere Bimetallmünzen, die, die jeden Urlaub zu etwas interessanteren machten. Die schwere Pfundmünze, die auch durch ihr Gewicht ihren Wert vermitteln konnte, und man spürte, was man ausgab. Nun, Irlands Währung war zwar auch das Pfund, da aber das Irische und das, natürlich mit weniger Wert. Nun aber, waren wir alle gleich. Ich steckte mir die Münzen in meine rechte Hosentasche und wickelte das Sandwich aus. Hausgemacht, das konnte Gutes sowie weniger Gutes bedeuten. Als durchaus positiver Mensch, am Anfang einer dreiwöchigen selbst gewählten Auszeit konnte das also nur etwas Gutes bedeuten. Ich verschlang diesen Brot-Fleisch-Brothappen und hatte so zumindest mein Hungergefühl vertrieben. Frisch gemacht, das mochte stimmen. Ob die Zutaten genau so frisch wie die Tätigkeit gewesen waren, nun, es war Tradition hier, alles etwas saurer zu haben als sonst.

Der Bus nach Cork über Waterford fuhr zu jeder vollen und zu jeder halben Stunde. Ich würde nicht warten wollen, sondern machte mich zu Fuß auf den Weg.. Warum sollte ich hier die Zeit vergeuden und warten. Abgesehen davon, wollte ich ja hier sein und nicht bloß von a nach b, um dann ein Programm voller Attraktionen über mich ergehen zu lassen. Alle ein zweihundert Meter kam ein Wagen vorbei. Es waren einige LKWs dabei, Personenwagen begrüßten mich hier spärlicher. Es war kurz nach 14 Uhr und ich hatte mir zum Ziel gemacht innerhalb der nächsten beiden Stunden eine Bleibe für zumindest die nächsten zwei Tage zu finden, um mich dann später etwas weiter ins Landesinnere zu begeben.

Ich hatte mir, wie schon erwähnt, nicht übermäßig viel Kleidung mitgenommen. Einerseits, wieso sollte ich schon mehr als drei Hosen benötigen, eine Wochenration an T-Shirts, ebenso viel Unterwäsche, zwei Pullover und ein paar Hemden. Wichtig war ein zweites Paar Schuhe. Ansonsten hatte ich nur noch Zahnputzzeugs, einen Kamm und Seife mit. In diesen B & B Unterkünften gab es im Badezimmer immer diese kleinen Packungen Shampoo und dergleichen. Oftmals hatte ich sogar erlebt, dass es sich um wirkliche Produktproben handelte. Man muss schauen wo man bleibt, klar. Der Wegweiser informierte darüber, dass es bis nach Killinick etwa zwei Meilen wäre, Piercetown lag etwa dreieinhalb Meilen entfernt. Bis nach Piercetown war es also noch etwa eine Stunde. Das würde ich schaffen. Das Wetter schien zu halten, es waren keine grauen Wolken weit und breit und die Luft an sich war ruhig. Nachdem ich die Küste etwas hinter mir gelassen hatte, schien auch der Wind abzuflauen, die Meeresbrise war vergessen und ich machte mich, auf einer links und rechts eingefassten Straße, auf in Richtung Piercetown. Etwa auf halbem Weg hielt ein Wagen neben mir und der Fahrer fragte mich, wohin ich denn wollte. Ich meinte, dass ich auf dem Weg nach Piercetown sei. Ich könne mitfahren, sofern ich das wollte. Oder, meinte er, ich solle einsteigen, er nehme mich mit. Ich lauschte seinen Worten und verstand auf Anhieb einmal so gut wie gar nichts. Das war mein klassischer Einstieg. Jedes Mal wenn ich hierherkam, fiel es mir schwer, die ersten Sätze, die ein Einheimischer zu mir sprach zur Gänze zu verstehen. Meist kam ich erst Stunden später darauf, was denn genau jemand nun zu mir gesagt hatte. Und ebenso ging es mir auf der relativ kurzen Fahrt. Einerseits waren es freundliche aber übliche Floskeln, wie zum Beispiel woher ich denn komme, was ich denn hier wolle, aha, Urlaub, ja wenn man es ruhig möchte, aber wieso Piercetown, ob ich wisse wohin und in etwa doppelt so viel, das ich nicht verstand. Gut, sein Toyota Hiace, der auch schon bessere Zeiten gesehen haben musste, war nicht gerade das leiseste Gefährt, die Straße war eben doch ein ewiges links und rechts und sein Radio, das dudelte, mit immer wiederkehrenden atmosphärischen Störungen, unterband auch jegliche Möglichkeit, mich die Worte verstehen zu lassen. Hier gab es zwar so gut wie keine Berge, die den Empfang stören konnten, sie fehlten aber auch um die Sender etwas höher gelegen zu positionieren. Zwischen den Musikstücken informierte uns eine Sprecherin darüber, dass dies und jenes los sei, soviel verstand ich zumindest. Als wir kurz vor Piercetown waren, sagte John Keenan, mittlerweile hatte er sich vorgestellt, mit vertraulichem Unterton, dass er wüsste wo ich für die nächsten Tage bleiben konnte. Wenn ich wollte, würde er mich zu seiner Schwägerin bringen. Sie war mit seinem Bruder verheiratet gewesen, bis der vor dreizehn Jahren im Sägewerk ertrunken war. Trotz aller Widrigkeiten der Verständigung hakte ich bei dieser Aussage nach, im Sägewerk ertrunken, wie sollte das funktionieren. Ja, ja, meinte er, als hier noch alles von Hand gemacht wurde, nutzte man den Fluss der an Piercetown vorbleilief um die Säge im Laufen zu halten. Es gab deswegen sogar einmal einen kleineren Konflikt, weil die Mühle, die etwas weiter flussabwärts lag, immer zum Stehen kam, wenn flussaufwärts gesägt wurde. Der Wasserantrieb der Säge war nun aber schon seit mehr als sechzig Jahren außer Betrieb und es war fraglich ob er sich überhaupt wieder in Gang setzen lassen würde. Der Fluss aber selbst, war immer noch da und in diesen war sein Bruder im Mai 99 gefallen und ertrunken. Er war an diesem Tag, so wie an jedem anderen wieder betrunken gewesen. Das hatte zur Folge, dass die jährlichen Apfelweinfestivitäten zum ersten Mal abgesagt wurden. John Keenans Bruder, Patrick war Vorsitzender des Komitees, das einerseits die Teilnehmer nominierte und andererseits die Preise für den besten Cidre der Umgebung vergab. Es war das einzige Mal, dass dieser Fixpunkt im Veranstaltungskalender des Landkreises ausfiel. Im Jahr darauf gab es einen neuen Vorsitzenden. Jack McCreegan. Er selbst saß schon mehrere Jahre im Komitee und hatte, im Gegensatz zu seinem Vorgänger noch keine zittrige Handschrift.

Wir fuhren an einem vom rauen Wetter gezeichneten Schild vorbei, das uns darauf hinwies, dass hier in Piercetown, der Abfall, in die dafür vorgesehenen Behälter gehörte. Nun gut, das war leicht zu merken.

Der Unterschied zur Landstraße war lediglich der, dass hier Häuser standen; von denen aber nicht zu viele. Wir kamen nach einigen hundert Metern an einen Platz an dem es eine Kirche gab. Ein stark befestigtes Ungetüm an architektonischer Kriegskunst. Wie alt war sie? Sie schien nicht diese unheimliche Aura zu verbreiten, die viele Ruinen quer durchs Land hatten. Im Gegenteil, sie schien schlicht, etwas ungelenk und mit starken Mauern, die den Konflikten der vergangenen Jahrhunderte mühelose getrotzt hatten. Genau davor blieben wir stehen. Es standen noch drei weitere Wagen hier. Ein Pickup und zwei Kleinwagen. Alle von den holprigen Landstraßen der Umgebung gezeichnet. Mein bisheriger Fahrer schien seine Profession nun auf Fremdenführer zu wechseln. Er legte seine linke Hand auf meine Schulter und zeigte mir wo sich die vielen Sehenswürdigkeiten des Ortes denn befanden. Ein Pub war gleich neben der Kirche. Es wäre das feinere und so wie ich aussah, würde ich es mir auch leisten können, dort zu speisen, zumindest das was es dort gab. Am Sonntag warteten dort viele der Männer auf ihre Frauen, die den Gottesdienst besuchten. Die, die selbst mit mussten, kamen danach auf einen oder zwei Pints vorbei, bevor sie heim kehrten, ihr Mittagessen einnahmen und kurz nach der Mittagspause wieder erschienen. Des Weiteren gab es auch noch einen zweiten Pub, etwa fünfhundert Meter die Straße weiter hinunter. Wie anzunehmen, war es nicht so fein wie das neben der Kirche und auch nur in den Abendstunden frequentiert. Tagsüber war geöffnet, es waren aber nie mehr als eine Handvoll Gäste da. Am Abend füllte es sich, da der Pub neben der Kirche, der Golden Loom, lediglich bis acht Uhr abends geöffnet hatte. Im Green Field konnte man bis 23 Uhr zechen; eine Option auf Verlängerung war hier immer möglich, die Sperrstunde wurde hier so gut wie nie kontrolliert, und wenn der Schlüssel innen steckte, konnte man immer noch darauf hinweisen, dass die Gäste nur noch austranken.

Gegenüber der Kirche, gab es eine Teestube. Die hatte tagsüber geöffnet, sperrte um zehn Uhr vormittags auf und um sechs Uhr abends zu. An drei Tagen die Woche, montags, mittwochs und freitags, schon vor sechs. Da fand Punkt sechs, gegenüber der Gottesdienst statt und den wollte Laura O`Hyra niemals versäumen. Es gäbe auch noch einen Gemischtwarenladen in dem ich alles finden, was ich während meines Aufenthalts hier brauchen würde. Ich sagte, ich hätte nicht vor all zulange hierzubleiben. Ich wollte mich spätestens übermorgen auf den Weg ins Landesinnere machen. Alles kein Problem. Seine Schwägerin, zu dessen Haus er mich nun bringen wolle, sei es einerlei, wie lange ein Gast bleibe, alle würden dieselbe, die beste Betreuung erfahren.

Keenan schloss seinen Wagen nicht ab. Er musste bemerkt haben, dass ich mich anscheinend darüber wunderte und klopfte mir mit seiner breiten Hand abermals auf die Schulter, lachte und meinte, hier würde nichts gestohlen und wenn, würde man ohnehin nicht weit mit seinem Gefährt kommen, der Tank sei fast leer. Mit diesem Worten streckte er gut sichtbar die Hand geöffnet aus. Daher wehte also der Wind. Nun gut, ich wollte ein Quartier und etwas zur Ruhe kommen, kramte in der Tasche nach meinem Wechselgeld von vorhin und legte es in seine erwartungsvolle linke Hand. Er warf einen Blick darauf, lachte lauthals auf, meinte, schon ok, lachte lauter, fing zu Husten an und spuckte, den so gelösten Schleim aus.

Wir setzten uns in Bewegung, gingen rechts der Kirche einen schmalen Weg entlang und waren nach wenigen Augenblicken angekommen. Der einzige Hinweis, dass hier möglicherweise Zimmer feilgeboten wurde, war ein vergilbtes Schild im Fenster, das die beiden Bs mit einem & verband. Das Schild war offensichtlich handmade in Piercetown und das sicherlich nicht erst vor kurzem. Keenan klopfte lautstark an die Tür, die kurz darauf auch von einer nicht mehr allzu jungen, aber doch noch in der Blüte ihres Lebens stehenden Frau, geöffnet wurde. Ihr Blick fiel, unmittelbar nachdem sie ihren Schwager etwas gelangweilt angesehen hatte auf mich, erhellte sich und ich fühlte mich schon etwas wohler in meiner Haut. John Keenan war die ganze Zeit über sehr freundlich, wenngleich auch distanzlos gewesen und die offene Hand hatte mich dann doch etwas verstört. Egal, ich hatte nun eine Bleibe für zumindest heute Nacht gefunden. Ich wollte mein Gepäck loswerden, einmal unter die Dusche und mich ein wenig in diesem kleinen und stillen Ort umsehen. Möglicherweise war es ein verstecktes Goldstück der irischen Landschaft, ein vom Touristboard übersehener Flecken, der zwar nicht touristisch aber sonst erschlossen war. Ich trat also ein, hinter mir John Keenan, der gleich darauf seine Schwägerin, die sich mir als Miss Roth vorstellte, für meinen Geschmack etwas zu innig umarmte, eine seiner Hände gut sichtbar zwischen ihre Hinterbacken fahrend. Sie drückte ihn von sich, das aber offensichtlich etwas zu halbherzig.

Miss Roth zeigte mir gleich mein Zimmer. Sie führte mich in den ersten Stock. Dort gab es drei Türen, eine führte zu dem Raum in dem wir uns gerade befanden, die daneben zum Bad und die dritte, war ein weiteres, derzeit unbesetztes Zimmer. Ob jemals beide Zimmer gleichzeitig besetzt gewesen waren? Ich konnte mir diesen Gedanken nicht verwehren und musste innerlich schmunzelten. Miss Roth hatte meinen Gedanken zumindest ansatzweise bemerkt. Sie meinte, es sei hier zwar nicht allzu luxuriös, aber wenn man schon hier Station machte, könne man das ja auch nicht erwarten und hatte wahrscheinlich auch nicht solche Ansprüche. Damit lag sie in meinem Fall richtig. Und ich lag richtig mit meiner Vermutung, dass ich im, äußerst kleinen Badezimmer zwei Testfläschchen Duschgel der Marke AXE, Sorte Hangover vorfand. Ich würde mich darüber nicht beschweren. Ob ich etwas zu Essen wolle? Nein, ich wollte eigentlich erst einmal nur ins Zimmer, dann Duschen und vielleicht nochmal hinaus um die Gegend ein wenig zu erkunden. Sollte ich Wünsche, ganz gleich welcher Art haben, sie sei ohnehin da. Der große Schlüssel würde, wie anzunehmen für die Eingangstüre sein, die wäre von Zeit zu Zeit versperrt, nur eben nicht immer. Der andere wäre natürlich für mein Zimmer. Sollte ich am nächsten Tag wieder weiter wollen, sei das auch völlig in Ordnung und ich hätte mich auch nicht an eine bestimmte Zeit zu halten, zu der ich das Zimmer geräumt haben musste, es sollte zumindest vor dem Abend sein. Ja, und es würde dreißig Euro kosten, inklusive Frühstück, falls ich dafür spezielle Wünsche hätte, musste ich sie nur anmelden. Aber nun wolle sie mich einmal auspacken lassen, obwohl das schnell geschehen sein würde, sagte sie mit Blick auf den Rucksack und verließ das übersichtliche aber ordentliche Zimmer. Ein Bett, ein Tisch, ein Kasten. Ein schmales Bücherregal an der Wand, bestückt mit mehreren Taschenbuchausgaben diverser Bestseller. Daneben ein Stapel Heftromane. Es war für den Anfang einmal in Ordnung eine Bleibe gefunden zu haben. Ich stellte meinen Rucksack in den Kasten, öffnete ihn, nahm mir frische Unterwäsche und ein neues T-Shirt heraus und ging damit ins Badezimmer. In der Küche unten wurde gesprochen. Wahrscheinlich über mich, sollten sie doch. Der Alltag war ein wenig durchbrochen worden. Dann wurde die Tür geöffnet und John Keenan verließ das Haus, in der Küche wurde etwas Geschirr verschoben und ich verzog mich unter die Dusche, die wie ich aus meiner Erinnerung noch wusste, wenig bis gar keinen Druck hatte und entweder das Wasser viel zu heiß oder zu kalt ausspuckte.

Ich schloss die Eingangstür hinter mir und blickte die schmale Gasse in beide Richtungen entlang. Rechts standen noch einige wenige Häuser, danach kam das typische Grün, Wiesen, Büsche und Bäume. Keine Menschenseele schien hier unterwegs zu sein. Ich entschied mich in die andere Richtung zu gehen, um dieses kleine Dorf selbst zu erkunden. Ich ging einige Meter, als ich aus der Ferne das Läuten der Kirchenglocke vernahm. Es gab hier noch eine Kirche? Die eine, dich ich schon kannte, war direkt um die Ecke, das Läuten aber schien aus der Entfernung zu kommen. Ich vernahm deutlich fünf Schläge, es musste also 17 Uhr sein. Zeit genug, um mich hier einmal umzusehen. Ich kam an der Kirche vorbei und vernahm leise Stimmen. Ich stieg die beiden Stufen zum Eingang hoch und ließ mich letztendlich von meiner Neugierde in den Vorraum des Gotteshauses treiben; und wirklich, dort saßen eine Handvoll Betschwestern in den letzten Reihen der Kirchenbänke. Es war etwas düster, nur wenige Kerzen brannten und die Fenster selbst waren, nicht überdimensioniert, sodass das Sonnenlicht vor ihnen kapitulierte und sich zur Gänze im Freien aufhielt. Ich bekreuzigte mich aus Gewohnheit und verließ das Gebäude wieder.

Am Platz standen immer noch dieselben Wagen wie bei meiner Ankunft, lediglich Keenans Toyota war nicht mehr da. Dafür aber hatten sich mittlerweile zwei, ich schätzte sie auf knapp zwanzig, Burschen auf einer der Bänke die hier standen niedergelassen um lachend zu rauchen und herumzulungern. Ich kam an ihnen vorbei und sie riefen mir etwas zu, das ich mit keiner Silbe verstand. Ich blieb stehen, wandte mich zu ihnen und sagte, dass ich auf Urlaub wäre. Das schien sie äußerst zu amüsieren, denn sie brachen in schallendes Gelächter aus. Ich verstand umgehend was gemeint war, als mich der eine fragte, immer noch ein Lachen zwischen den Wörtern, ob ich mir sicher sei, HIER Urlaub machen zu wollen. Nein, ich wollte ja noch weiter lediglich für ein, zwei Tage sollte Piercetown mich beherbergen. Das Lachen war wieder dem Rauch gewichen, der eine sagte noch etwas, von dem ich zu verstehen glaubte, dass es hieß, dass er eigentlich auch nicht hier sein wollte, denn hier wäre man im Dorf am Ende der Welt.

„Nun, ganz so schlimm kann es hier aber auch nicht sein."

„Nein, es ist noch viel schlimmer. Das Schlimme nämlich daran ist, dass es nicht einmal schlimm ist. Es ist gar nichts, totale Flatline."

„Gibt es nichts, das ich mir hier ansehen könnte?"

„Naja, sie könnten zum Fluss runter, da fallen regelmäßig die verschiedensten Typen rein, die meisten finden auch wieder raus, außer sie hatten wirklich schon zu viel. Der Heimweg ist der gefährlichste Weg für viele, vor allem wenn man am Fluss entlang muss. Der Weg nach Murntown geht genau am Fluss nebenher, wenn es dunkel ist, kann man schon mal einen falschen Schritt tun und man fällt über die Böschung ins Wasser. Wie gesagt, es ist nicht spektakulär, für manche ist es wie eine erfrischende Dusche, die sind dann beim Heimkommen wieder richtig munter."

Ich bedankte mich für den Hinweis und ging quer über den Platz auf O´Hyras Teestube zu. Sie war geschlossen, das Schild closed hingt in der Türe. Wahrscheinlich war Lauren O´Hyra eine der Betschwestern in der Kirche gewesen. War heute ein spezieller Tag, mir wollte nichts einfallen und so entschied ich mich nach links zu gehen. Richtung Green Field, wie mir das Schild zu sagen versuchte, würde die Entfernung etwa eine halbe Meile betragen. War es die Überfahrt gewesen oder die kurze Strecke mit Keenans Toyota, aber etwas schien nicht zu stimmen. Mir war Übel und es schien mich auch etwas Schwindel zu quälen. Andrerseits bildete ich mir das vielleicht auch nur ein. Ich würde mich wahrscheinlich erst an die Luft hier gewöhnen müssen. War es nicht das Gleiche, wenn man von der Stadt in die Berge fuhr, dass man die ersten Tage ganz niedergeschlagen und groggy war, bis sich der eigene Organismus auf den Luftdruck und die Umgebungsumstände eingestellt hatte, bis man sich quasi akklimatisiert hatte?

Der Kirchenplatz lag nun hinter mir und ich befand mich inmitten einer Reihe von Häusern. Links war ein Laden, mit einem Schild, quer über der Front, die Farbe ausgeblichen im Laufe der Jahre und im Zyklus der Jahreszeiten. Huges stand darauf und der Schriftzug war eingefasst von einer Anzahl von Produkten, die es hier zu erwerben gab, oder zumindest im Lauf des Bestehens zu erwerben gegeben hatte. Ich entschloss mich aber weiterzugehen. Ich wollte einerseits nichts kaufen, obschon ich das eine oder andere Lebensmittel gebrauchen konnte und auf der anderen Seite war ich noch nicht bereit für ausgedehnte Gespräche, die, soweit ich mich noch erinnere, in solchen Geschäften üblich waren und somit zum guten Ton gehörten. Abgesehen davon, wollte ich das Erworbene nicht mit mir herumschleppen.

Es schien, dass die Sonne es sich überlegt hatte, zumindest am Abend meine Ankunft hier gebührlich zu würdigen. Es war nicht so warm, wie ich es gewohnt war, aber es war eine angenehme Milde, die den Abend ins positive Licht rückte. Munteren Schritts war ich in Richtung Green Field unterwegs, ich wollte mir dieses Pub zumindest einmal ansehen, ins gediegene Golden Loom konnte ich immer noch ausweichen. Die Entfernungen waren hier ohnehin keiner Rede wert.

Shot 3

Ich kam schneller am Green Field an als ich mir gedacht hatte. Das Haus, in dem dieses, anscheinend verruchte Lokal beherbergt war, musste schon St Patricks missionarischen Eifer miterlebt haben. Es schien kurz davor, jeden Moment zusammenzubrechen, wahrscheinlich machte es diesen Anschein auch schon seit Ewigkeiten. Das einzige, das nicht ins Bild passte, war der ziemlich moderne Zigarettenautomat. Es gab sie hier noch, in Nordirland waren sie seit einiger Zeit verboten worden, um eine weitere Hürde zu errichten. Anfangs mussten sie eine Mindesthanghöhe aufweisen, die Unterkannte durfte nicht niedriger als einen Meter fünfzig sein. Daraus ergab sich folgendes Problem. Sie waren nicht barrierefrei. Nun gab es zwei Möglichkeiten, nämlich, die Mindesthanghöhe zu reduzieren oder sie gleich abzuschaffen, beziehungsweise unter jeden Automaten eine Rampe zu bauen. Das Verbot war grundsätzlich der einfachere Weg und ward beschlossen. Nun, ich befand mich in der Republik, hier gab es diese Dinger also noch. Die erworbenen Zigaretten aber zu rauchen, war trotz alle dem nicht mehr so einfach. In den Pubs und an allen öffentlichen Plätzen, war das Abbrennen getrockneter Tabakpflanzen untersagt. Und es wurde geahndet.

Ich stieß die verzogene aber scheinbar gut geölte Türe auf, sie quietschte unerwarteter Weise gar nicht und befand mich in einem nicht allzu hellen, aber stickigen Raum wieder. Und jetzt kam es, es war stickig weil hier geraucht wurde. Wie konnte es das geben? Allgemeines Rauchverbot, seit Jahren, und dann das hier? Es waren anscheinend schon eine Menge Zigaretten und ähnliches geraucht worden, die beiden miteinander verbundenen Galso auch schon zur Hälfte gefüllt und so ging ich erst einmal geradewegs an die Bar. Üblicherweise herrschte hier Selbstbedienung, „no Tableservice", und die Getränke waren gleich zu bezahlen. Lediglich die Speisen, sofern es welche gab, wurden zum Tisch gebracht.

Die Bar selbst musste seit Errichtung dieser Gaststätte in diesem Raum stehen. Sie würde einiges zu berichten wissen, behielt es aber bedauerlicherweise für sich. Das Holz schien vom vielen verschütteten Bier, von Unterarmen und sonstigem handelsüblichen Menschenverschleiß gegerbt zu sein. Eiche, die mittlerweile zu einem dunklen, tief gefurchtem, reliefartig verziertem Einrichtungsmonument geworden war. Weniger monumental war die Getränkeauswahl. Ale oder Stout war die Frage. Und es schien auch so, als gäbe es nur drei Zapfhähne, von denen einer aber anscheinend nicht funktionierte; auf den anderen beiden war keine Aufschrift, kein Bild. Also fragte ich ob es Murphys gäbe und der junge Mann, der bei meinem Eintritt automatisch ein Pintglas zur Hand genommen hatte, meinte, sie hätten lediglich ein paar Guinnessflaschen, sofern ich unbedingt etwas Spezielles haben wollte. Nein, musste ich nicht. Ich unterwarf mich den Gegebenheiten und bestellte mir ein Ale, so konnte ich nachher immer noch ein Stout probieren. Umgekehrt wäre es fatal gewesen, zumindest wenn sie zumindest ein geringes Maß an gutem Geschmack in sich tragen. Das Stout würde jeden folgenden Reiz beeinflussen oder überdecken. Fast als würden sie vor oder gar während des Essens eine Zigarre rauchen.

Mit meinem Glas setzte ich mich an einen der beiden leeren Tische und nahm erst einmal einen großen Schluck. Und ich war überrascht. Ich hatte mir vorgestellt eines dieser typischen & vor allem im Einkauf günstigen Schankbiere vorgesetzt zu bekommen. Schankbier war es anscheinend, auch preislich, aber geschmacklich schien es ohne Probleme gegenüber der üblichen Konkurrenz zu bestehen. Ich nahm einen weiteren großen Schluck und trank das Glas bis zur Hälfte aus. Und wie so oft, verlangte mir nach einer Zigarette. Ich erinnerte mich an den Automaten neben der Türe und stand auf und wollte schon hinausgehen, da fiel mir das Landesweite Rauchverbot wieder ein. Ich war hier Gast, wusste ich denn schon warum hier drinnen geraucht wurde? Ich hatte keine Ahnung und meine Information sagte mir, Rauchverbot. Ich würde vor der Tür rauchen. Ich wählte meine gewohnte Marke, die ich jahrelang geraucht hatte und bezahlte mit einem zehn-Euro-Schein. Es reichte hier eine Packung zu kaufen, die Preisgestaltung war so großzügig, dass lediglich ein paar Münzen als Retourgeld ins Fach klimperten. Ich riss das Cellophan auf, entfernte das Silberpapier und hatte kein Feuer. Das lag in meinem Zimmer, bei der Packung Zigaretten, die ich mir auf der Fähre schon gekauft hatte. Natürlich würde ich sie alle aufrauchen in diesen drei Wochen, Feuer hatte ich aber trotzdem keines. Dazu musste ich wieder zurück. Also hinein und zum nächsten freundlich aussehenden Einheimischen. Ich durfte unter Lachen das Feuerzeug auch mit hinaus nehmen.

Ich inhalierte den Rauch tief in meine beiden Lungenflügel. Das konnte ich immer noch, auch nach vielen Jahren als Teilzeitraucher, hatte ich umgehend, unter Zuhilfenahme meiner Unmäßigkeit, meine alte Gewohnheit wieder aufgenommen. Es war wie Radfahren, man verlernt das auch nicht. Und dann kam jemand die Straße entlang. Ich konnte zwei Stimmen vernehmen, die mir eigenartigerweise vertraut vorkamen, wie konnte das zweitausend Kilometer von Daheim der Fall sein. Es waren die beiden von vorhin. Sie erblickten mich und hoben die Hand zum Gruß. Auch sie schienen recht gut gelaunt zu sein und als sie den Pub erreicht hatten, mit mir davor stehend und rauchend, lachten sie laut auf. Sie fragten ob sie eine Zigarette haben könnten. Natürlich, konnten sie. Ich gab jedem von ihnen eine und hielt ihnen das Feuer hin. Sie aber bedankten sich und steckten sich den Glimmstängel jeweils hinters Ohr. Dann fragten sie mich warum ich denn hier draußen stehen würde. Rauchverbot, das hatte ich bis nach Hause durch den Fernseher erfahren. Ja, das Rauchverbot, das gäbe es. Aber doch nicht im Green Field, dort hatte es noch nie gegolten. Nun, ich verstand schon, meinte ich, dass man hier wohl Ausnahmen mache, ich wollte aber mein Glück nicht aufs Spiel setzen und etwa eine Geldstrafe riskieren.

„Sie riskieren keine Geldstrafe, dort drinnen ist eine Geschlossene Gesellschaft. Das ist eine Ausnahme, sobald sie durch diese Türe gehen, gehören sie dazu. Das ist vollkommen legal und war, als dieses Verbot eingeführt wurde überall gang und gäbe."

„Hab ich noch nie gehört davon, warum macht das sonst keiner?"

„Ach, im ländlichen Gebiet kommt das immer wieder vor, hier gibt es natürlich auch viel weniger Kontrollen und wenn sie überhaupt jemanden von der Guardia im Dorf haben, dann kommt es auch noch darauf an, ob der selbst raucht. In der Stadt ist es natürlich anders, dort kann man nicht einfach sagen, es wäre eine Geschlossene Gesellschaft, hier draußen funktioniert das schon. Im Golden Loom dürfen sie ohnehin nicht rauchen, tun sies also hier."

Damit hielt er mir die Tür auf und ich ging wieder in die Wirtsstube. Die beiden kamen nach und gingen geradewegs auf die Bar zu. Jeder von ihnen bekam automatisch einen Pint hingestellt. Ich setzte mich an meinen Platz und trank mein Glas in einem Zug leer. Ich hielt es hoch um dem Schankburschen ein Zeichen zu geben. Dieser meinte ich solle ihm das Glas bringen. Das tat ich, legte ein paar Münzen auf die Bar und wartete während er mein Glas schräg in der Hand hielt und leicht drehte. Das Eingießen war ein wichtiger Bestandteil des Ganzen. Natürlich war der Geschmack wesentlich, der konnte sich aber nur richtig entfalten, wenn einige wichtige Grundregeln eingehalten wurden. Über die Temperatur, die Wahl des richtigen Glases war es eben auch das Einschenken, also das Zapfen. Ich setzte mich mit meinem vollen Glas wieder zurück auf meinen Platz und zündete mir eine weitere Zigarette an. Die erste war von selbst verraucht währen ich auf mein Bier wartete. Das schwarze Keramikding in der Mitte des kleinen, im Laufe der Jahre abgenutzten Tisches, war nicht unmittelbar als Aschenbecher zu erkennen. Möglicherweise als Teil der Tarnung, falls doch einmal jemand an diesem Geschlossene Gesellschaft Ding zweifeln würde.

Anscheinend lachten sie wieder über mich. Die beiden erzählten wohl gerade von meinem Rauchvergnügen im Außendienst. Der junge Mann hinter der Bar schaute zu mir herüber und sagte ohne jegliche Ironie in seiner Stimme, dass ich hier drinnen, genauso gut wie draußen Rauchen dürfe. Ich sagte, dass die beiden Herren mich ohnehin schon darüber aufgeklärt hatten. Was mich aber noch beschäftigte, und damit glaubte ich einen Trumpf in der Hand zu haben, war folgendes.

Nach all dem Gelächter, auch wenn es gerechtfertigt war, wollte ich nun auch zeigen, dass ich nicht der Touristentölpel war, für den sie mich anscheinend hielten und so machte ich sie darauf aufmerksam, dass der Wegweiser falsch sein musste, die Entfernung konnte nie stimmen, die Strecke würde höchstens die Hälfte ausmachen. Welchen Wegweiser ich denn meine, fragten sie. Den, auf dem das Green Field angeschrieben wäre, erwiderte ich mit, zugegeben einem etwas zynischen Unterton in der Stimme. Darauf folgte wieder Gelächter. Das Green Field, das früher bis ans Pub reichte, ist eine etwas geneigte Wiese, die vom vorbeiführenden Fluss, dem Sharon durchschnitten wird. Der Pub habe seinen Namen deswegen, weil es bis vor hundert Jahren an ihn heranreichte. Die Gastwirtschaft war quasi das letzte, das man von Piercetwon zu sehen bekam bevor man es verließ, oder aber auch das erste was der Ort einem von sich offenbarte, je nach dem. Mittlerweile waren einige weitere Häuser und Höfe zwischen dem Feld und Piercetown dazugekommen.

So sollte ich mich also abermals blamieren. Andrerseits schien mir das hier niemand übel zu nehmen. Sie lachten zwar, ihr Ausdruck war aber keineswegs Schadenfroh, sie waren amüsiert von mir und meinen kleinen Fauxpas, es wurde hier wohl alles ein wenig lockerer genommen, als an vielen anderen Orten dieser Welt. Nichts für ungut, die beiden hatten mittlerweile ihre Gläser gelehrt und kamen an meinen Tisch; dort nahmen sie sich das Feuerzeug und zündeten damit ihre Zigaretten an. Sie wünschten mir einen angenehmen Aufenthalt und meinten, hier sei es auszuhalten. Wir schüttelten uns die Hände und schon waren sie verschwunden.

Mir war wieder etwas flau im Magen, ich hatte nun schon längere Zeit nichts gegessen und das Bier tat wohl das seinige dazu. Wahrscheinlich sollte ich es wagen und mir gleich hier etwas zu essen bestellen. Es ging auf die Abendstunden zu und so viel ich bis jetzt mitbekommen hatte, gab es hier nicht unbedingt eine große Auswahl an Verpflegungsmöglichkeiten. Ich fragte also nach, was man mir hier empfehlen könne. Solch unkonventionelle Gaststätten haben oftmals die Eigenschaft, dass es in ihnen Bodenständiges gibt, das auch noch so schmeckte, unverfälscht und nicht auf den touristischen Gaumen abgestimmt. So wie es ja sonst in vielen Lokalen der Fall ist. Die Auswahl war hier relativ karg, es gab Muschelsuppe, einen Hammeleintopf und wenn ich es recht verstand, Rindfleisch mit Kohl. Den Kohl wollte ich vermeiden, mein Magen schien ohnehin nicht in bester Verfassung zu sein, die Muschelsuppe schied demnach also auch aus, entschied ich mich also für das Stew. Wenn es von einem Könner gemacht worden war, gab es Kraft und war zudem auch noch genießbar. Großzügig wie ich war, bestellte ich das Irish Stew mit den besten Erwartungen. Während ich so da saß, von den übrigen Gästen eigentlich gar nicht beachtet, fiel mir ein, dass sich immer noch das geborgte Feuerzeug in meinem Besitz befand; ich musste es zurück geben und stand auf, um mich quer durch den ersten Raum zu dem Tisch am Eingang zu begeben, an dem ein älterer Mann mit einem anderen Mann, etwa in meinem Alter, saß, trank und rauchte. Zusätzlich zu ihren Pints mit dem tiefschwarzen Bier hatten sie auch Whiskeygläser auf ihrem Tisch stehen. Und die waren, nach meinem Ermessen, äußerst großzügig eingeschenkt worden. Was es wohl für Whiskey hier gäbe, ich hatte nur ein paar Flaschen an der Rückseite der Bar gesehen, die Auswahl dürfte hier nicht die größte sein. Ich legte das Feuerzeug also auf den Tisch und bedankte mich freundlich. Der ältere Herr nahm es aber sogleich in die Hand um es mir umgehend zuzustecken. Ich hätte ja sonst nicht die Möglichkeit weiter zu rauchen. Ich meinte, dass ich ja auch andere Fragen könne und ohnehin ein Feuerzeug auf meinem

Zimmer habe. Er aber lachte und meinte ich solle es behalten;

Wo wohnen Sie denn?

Ich habe ein Zimmer bei Miss Roth, aber ich werde spätestens übermorgen wieder weiterfahren, ein wenig weiter, ins Landesinnere.

Gefällt es ihnen hier nicht? Gut, es ist nicht gerade der modernste Ort hier aber ein nettes Fleckchen auf der Insel, alles was sie brauchen ist da.

Ja, ich finde es sehr angenehm hier, vielleicht komme ich auf meiner Heimreise wieder durch Piercetown, und vor allem hierher.

Mein Stew wurde serviert und ich deutete kurz in Richtung Tisch. Der Alte verstand aber ohnehin sofort und meinte noch, es sei das beste Stew, das er nach dem Tod seiner Mutter je gegessen habe, seine Frau konnte das nicht so gut, und sie war eigentlich eine wunderbare Köchin; und nicht nur das, sagte er noch als Nachsatz, lachte laut auf und hustete anschließend und ließ den Husten wieder in ein Lachen übergehen.

Ich ließ die Tür hinter mir zufallen und machte mich auf meinen kurzen Heimweg. Ich würde mich am nächsten Tag ein wenig in Piercetown umsehen. Trotz allem, wollte ich aber weiter, es war mir hier doch ein wenig zu ruhig und der ganze Ort hatte etwas Trostloses an sich. Natürlich hatte Piercetown auch seinen Charme, aber trotzdem würde ich mich spätestens übermorgen auf den Weg machen. Das Stew hatte hervorragend geschmeckt, es war gut gewürzt gewesen und weit entfernt von geschmacklosen Eintopfgerichten meiner Jugend. Eigentlich wollte ich ja diese undefinierbaren Brühen und Soßen in keinster Weise, ich wollte sehen was ich aß. In diesem Fall wurde ich aber eines besseren belehrt. Und ich hatte das lautstark kundgetan. Unterstützt von zwei weiteren Bieren und ebenso vielen Whiskeys. Welche Whiskeys es letztendlich gewesen waren entzog sich meiner Kenntnis. Ich bestellte einfach und bekam jedes Mal ein großzügig eingeschenktes Glas. Man machte also keinen Unterschied zwischen Stammgästen und mir. So fühlte ich mich umgehend aufgenommen und wohl. Der Heimweg tat das seinige dazu, ich hatte lediglich diese Straße entlang zu gehen, dann rechts abzubiegen und in der Seitengasse neben der Kirche meine Unterkunft zu finden. Es war jetzt kurz nach neun Uhr und ich fragte mich ob meine Gastgeberin noch wach wäre. Natürlich wäre sie das, sie hatte nicht das Alter um sich um diese Zeit Hinlegen zu müssen. Da fiel mir wieder ein, dass ihre Aussprache so gar nicht zu der von John Keenan passte, sie hatte, für meine Begriffe sehr verständlich gesprochen, und damit meine ich, verständlich beim ersten Mal zuhören. Vielleicht versuchte sie in meinem Fall besonders deutlich zu sprechen, so wie wir es tun, wenn wir bemerken, jemand ist in unserer Sprache nicht so geübt.

Ich suchte den Schlüssel in meiner Hosentasche und fand ihn nach einigem Herumkramen. Die Tür war aber ohnehin noch nicht versperrt gewesen. Ich öffnete sie, trat in den Vorraum und stieg ohne viel Nachzudenken die Stufen zu meinem Zimmer hoch. Kurz bevor ich oben angekommen war, hörte ich das Geräusch der Dusche in meinem Badezimmer. Es schien so, als wäre ein zweiter Gast hier. War jemand in meiner Abwesenheit gekommen, wer sollte sonst das Bad hier oben benutzen? Meine Hauswirtin hatte ihres mit Sicherheit unten. Als ich meine Tür öffnete fiel mein Blick automatisch auf den hellen Spalt der durch die lediglich angelehnte Badezimmertür drang. Und da sah ich sie. Es war Sheila Roth, die unter der Dusche stand. Ich möchte nicht auf die Einzelheiten meiner zufälligen Erkundung eingehen, jedoch hatte sie in all den Jahren hier ihre offensichtliche Attraktivität nicht verloren.

Das Stew hatte mir zwar Kraft gegeben, der Whiskey und die Biere mussten in meinem lädierten Magen aber nicht unterstützend gewirkt haben. Es war immer noch eine Ahnung von Übelkeit zu spüren. Morgen wäre alles erledigt, mit diesem Vorsatz wollte ich mich gerade ins Bett begeben, als es leise an der Tür klopfte. Ich stand noch einmal auf und öffnete. Ich sah in ihre dunklen Augen und wusste ohne Umschweife worauf sie aus war. Sie hatte einen Bademantel an, der ihr bis ober die Knie reichte und den man mit Sicherheit auch korrekt vorne verschließen hätte können. Sie schien das in diesem Fall aber nicht für nötig befunden zu haben und so bekam ich einen Einblick, den ich nicht unbedingt ein zweites Mal in so kurzer Zeit und vor allem unmittelbar vor dem Zubettgehen wollte. Es war die klassische Frage danach, ob ich noch etwas brauchen würde. Nein, alles wäre in Ordnung, ich müsse nur, nach dieser langen Anreise jetzt einmal schlafen. Sie schien nicht locker lassen zu wollen; wir gingen kurz alles durch was es zu fragen gab, ob ich mir Piercetown schon angesehen habe, sie könne es mir morgen zeigen. Ich erzählte ihr wo ich gewesen war und durfte mir zu guter Letzt auch noch das Frühstück für morgen aussuchen. Dann aber, nachdem sie mich mit tiefem Blick in meine Augen ein letztes Mal gefragt hatte, ob sie noch irgendetwas für mich tun könne, sagte ich danke und gute Nacht und schloss die Tür.

Nein, sie würde nicht noch irgendetwas für mich tun können, schon gar nicht am ersten Abend.

Shot 4

Ich wachte mit einem Gefühl allgemeinen Unwohlseins auf. Konnte das immer noch die verzögerte Auswirkung der Fähre sein. Seekrankheit mit Zustellungsschwierigkeiten? Ich setzte mich auf und stellte meine Füße auf den Boden. In aufrechter Haltung schien sich das kleine Zimmer nun etwas zu drehen. Nicht viel, aber doch spürbar. Nun, würde ich erst einmal unter der Dusche stehen, käme mein Kreislauf schon in die Gänge. Ich schlurfte ins Badezimmer, das auf geringster Fläche versuchte, alle Annehmlichkeiten eines solchen Raumes unterzubringen und dabei aber kläglich scheiterte. Das Wasser kam kalt aus der Leitung, zu kalt. Also wartete ich etwas zu, bis es der Mischer schaffte, das Wasser zumindest zu temperieren, sodass ich mich ohne größerer Angst vor einem Herzinfarkt, darunter stellen konnte.

Es war knapp vor acht Uhr, als ich wieder in mein Zimmer kam. Ich kleidete mich fertig an, öffnete ein Fenster und verließ dann wieder den Raum um mich im Erdgeschoss meines Frühstücks anzunehmen. Das Schwindelgefühl war vorüber und das Unwohlsein musste wohl ein Zeichen eines gesunden Appetits gewesen sein, zu wenig Zucker im Blut; passend für eine Blutabnahme, erscheinen sie aber nüchtern. Ich hatte mir am Vortag gebratenen Speck mit beidseitig(!) gebratenen Spiegeleiern bestellt, dazu Würstchen und Paradeiser. Auf Bohnen wollte ich verzichten, der warme Toast den ich mit geschmolzener und gesalzener Butter verzehrte sollte als Kohlehydratzufuhr reichen. Dazu trank ich Kaffee, schön stark sollte er sein; und das war er auch. Mit ausgiebig rahmiger Milch und Zucker. Ein guter Tag braucht einen guten Start und sollten meine Tage so werden wie das zweite B meiner derzeitigen Bleibe, würde ich vollkommen zufrieden sein.

Das Speisezimmer, ein kleiner Raum von etwa der doppelten Größe meines Zimmers; hier sollten unter Umständen ja auch mehrere Personen unabhängig voneinander aber zeitgleich speisen können. Ich hatte mich an den einzigen, gedeckten Platz gesetzt und mir Kaffee eingegossen. Miss Roth musste ihn frisch gebrüht haben, als ich mich unter der Dusche befand. Ich hatte gerade die Milch zugegeben und war im Begriff mir Zucker zu nehmen, da kam sie schon bei der Türe herein und servierte mir, in üppiger Ausführung, das am Vorabend besprochene Frühstück.

Der Toast war noch heiß, frisch aus dem Toaster, sodass die Butter, die ich darauf schmierte, sofort begann flüssig zu werden und das Brot einerseits einen Teil davon in sich aufsog, den überwiegenden Rest aber als verführerisch glänzende Schicht an der Oberfläche beließ.

Miss Roth kam wieder und wollte wissen ob ich zufrieden wäre oder noch einen Wunsch hätte. Heute schien ihre Kleidung wieder passend zu sitzen, obwohl es mir so vorkam, als hätte sie etwas mehr Aufmerksamkeit darauf verwendet, sich figurbetont zu kleiden; und dazu hatte sie wirklich jede Möglichkeit. Nein, es wäre perfekt meinte ich. Daraufhin verließ sie den Raum und kam kurz darauf, mit einer Tasse Tee zurück und setzte sich neben mich. Etwas ungewöhnlich dachte ich mir, vielleicht aber hier doch ganz normal. Es kamen wohl wenig Fremde hier her, man musste die Situation wohl nutzen.

„Ich war nicht immer hier, begann Miss Roth. Vielleicht bemerken sie es an meiner Aussprache, aber ich bin Amerikanerin. Ich kam vor knapp zwanzig Jahren nach Piercetown, nachdem meine Tante gestorben war und mir dieses Häuschen hier vermacht hatte. Gott, ich wusste nicht einmal, dass ich eine

Tante in Irland hatte. Ich kam also hierher, kannte niemanden und stand plötzlich in diesem kleinen Vorraum und es war zum ersten Mal, nach langer Zeit wirklich still in meinem Leben. Ich meine damit keine unheimliche Stille, keine langweilige, sondern richtige Ruhe. In den Staaten, ich lebte in Boston, kam so etwas so gut wie nie vor, es tat sich immer etwas, es gab immer etwas zu tun und außerdem war ich dem ganzen dort ohnehin schon überdrüssig. Ich hatte gerade eine Beziehung hinter, das Tiefe Loch lag noch vor mir, ich war also Gott sei Dank noch nicht hineingefallen, war aber kurz davor gewesen. Er hatte mich zwar die ganze Zeit über betrogen, es aber in unserer Wohnung mit der Nachbarin zu treiben, als ich lediglich um die Ecke war, um noch etwas Wein zu holen, war mir dann doch zu viel. Es war, wie man so schön sagt, der letzte Tropfen, der das Fass zum Überlaufen brachte. Es war auch sein letzter Tropfen den er in diesem Bett verschoss. Ich warf ihn hinaus, nachdem ich zwei Flaschen nach ihm warf. Die zweite traf ihn heftig von hinten an seinem Schädel; mein Mitleid hielt sich damals aber in Grenzen, jetzt denke ich darüber etwas anders. Ich hätte die beiden Flaschen trinken sollen, nachdem ich ihn vor die Tür gesetzt hatte. Es ist eine gewaltige Umstellung nach mehreren Jahren zusammen, plötzlich allein ins Bett gehen zu müssen. Ich hatte zwar einen recht guten Job, die Wohnung für mich alleine zu behalten wäre aber trotzdem etwas leichtsinnig gewesen. Hätte ich meinen Job verloren, wäre ich wahrscheinlich nach zwei Monaten auf der Straße gestanden. Meine Eltern waren damals schon tot gewesen, sie waren bei einem Verkehrsunfall von einem betrunkenen Truckfahrer im wahrsten Sinne des Wortes niedergemäht worden, ich hatte also nicht wirklich viel Rückhalt. Ich gab also meine Wohnung auf und sah mich nach einer neuen um als der Brief von Wooden, Hayes & Partner eintraf. Ich dachte mir, ich hätte nichts zu verlieren und ein Tapetenwechsel würde auch nicht schaden. Es gab nicht viel, das mich in Boston halten würde, also verließ ich die Stadt und das Land.

Und als ich hier ankam, fasste ich den Entschluss, egal wie es im ersten Augenblick aussehen würde, ich würde vorerst einmal bleiben und dann erst, nach einiger Zeit entscheiden, ob es hier weitergehen sollte oder ob ich wieder in die Staaten zurückkehren würde. Die beiden Keenanbrüder waren vom ersten Tag an da. Und man konnte ihre Brunft meilenweit gegen den Wind riechen. Ich schnappte mir dann den jüngeren der Beiden. Der wusch sich wenigstens regelmäßig und er war jemand mit dem man lachen konnte. Es stimmt schon, dass Frauen Männer wollen, mit denen sie lachen können. Lachen ist etwas sehr wichtiges. Ganz egal was die Tage auch bringen, wenn sie darüber lachen können, ist es leichter, selbst wenn sie dann nicht lachen. Wissen sie, hier ist es etwas anders als in der Großstadt, ein wenig rauer. Nicht so hinterwäldlerisch aber das Land und vor allem die Bevölkerung dieser Gegend ist, sagen wir so, etwas eigen. Wenn man hier aber eine Zeit lang verbringt und sich selbst nicht zu wichtig nimmt und nicht zu sehr auffällt, so findet man hier auch zueinander. Ich hatte keine großen Schwierigkeiten und nach meiner Hochzeit hier, gab es ohnehin keinen Unterschied zu den Ortsansässigen. Nach dem Tod meines Mannes, richtete ich die oberen beiden Zimmer als Gästezimmer ein und beantragte eine Konzession. Seitdem ist immer wieder jemand hier zu Gast. Meist sind es Tramper, die eine oder zwei Nächte in einem Bett verbringen wollen, um dann wieder die pure Natur über sich ergehen zu lassen.

Es war mein Schwager, der sie zu mir geführt hat. Seitdem mein Mann tot ist, fühlt er sich verantwortlich, zumindest wenn er etwas Gesellschaft braucht. Viel Hilfe brauche ich ohnehin nicht, ich möchte sie auch nicht. Ich war Zeit meines Lebens unabhängig, das soll sich mit meinen dreiundvierzig Jahren jetzt auch nicht ändern. Ich weiß zwar nicht ob es Rosin seiner Frau so angenehm ist, zu sehen wie er sich manchmal um mich annehmen möchte, doch das liegt nicht in meinem Einflussbereich. Und das Dorf, geredet wird ohnedies, gesagt aber umso weniger. Mit dieser Lösung kann anscheinend jeder gut leben, selbst der Pfarrer. Mein Mann fiel damals bei der Mühle in den Fluss, er war besoffen, das war er eigentlich immer ab der Mittagszeit. Wäre er damals nicht ertrunken, er hätte sich wahrscheinlich mittlerweile ins Grab gesoffen. Ich habe wieder meinen Mädchennamen angenommen. Etwas Abstand musste sein."

Mit diesem Satz schloss sie ihren Vortrag, stand auf und verließ den Raum. In der Tür blieb sie stehen, dreht sich nochmals zu mir um und sagte: „sie können mich übrigens Sheila nennen, das tun ohnehin alle hier." Dann ging sie. Ich saß noch eine Weile da und machte mich dann, Stufe für Stufe, über die Treppe hinauf in mein Zimmer. Gut, wir hatten alle unsere Schicksale und es gab auch solche Mitmenschen die ihres äußerst gerne zum Thema machten. Also verbuchte ich diese Frühstücksbegegnung in der Kategorie gute Tat und hoffte auf dessen Berücksichtigung am jüngsten Tag. Ich öffnete meine

Zimmertür um mir Geld und Weste zu holen um meinen gestrigen Versuch die Umgebung zu erkunden weiterzuführen. Ich hatte nun zwar üppig gespeist und das noch dazu genau nach meinem Geschmack, die Übelkeit war aber anscheinend durch die Nahrungsaufnahme nicht bekämpft worden. Irgendetwas stimmte da nicht mit meinem Nahrungsverwertungsorgan. Aber woran könnte das liegen? Ich wusste es nicht; was ich aber wusste, war, dass ich umgehend ins Bad musste. Die leichte Übelkeit hatte sich in dieser kurzen Zeit, in der ich aufgestanden und in den ersten Stock gegangen war, zu einer Übelkeit ausgewachsen, die sich hochgearbeitet hatte und nun kurz vor meinem Kehlkopf stand. Und ich war Gott sei Dank schnell genug. Mit einem solchen Druck hatte ich nicht gerechnet. Ich traf aber Zielgenau in das glänzende Porzellan. Und wie so oft in solch einer Situation, ging es mir darauf umgehend besser. Anscheinend hatte etwas wieder hinausgewollt. Schade um das schöne Frühstück. Es war liebevoll zubereitet gewesen und hatte mir köstlich geschmeckt. Nun, morgen würde ich wieder eines bekommen. Ich verließ etwas unsicher das Badezimmer und würde mich erst einmal aufs Bett legen.

Ich hatte anscheinend ein wenig geschlafen. Als ich aufwachte zeigte meine Uhr halb zwölf Uhr Mittag. Es war also Zeit fürs Mittagessen. Das Frühstück war ohnehin bei mir rückwirkend ausgefallen, so konnte ich mit Sicherheit um diese frühe Zeit schon lunchen ohne mir Selbstvorwürfe machen zu müssen. Ich würde das Golden Loom aufsuchen. Es war direkt um die Ecke und ich hatte es gestern nicht mehr besuchen können. Im Golden Loom herrschte eine Atmosphäre die sich leicht als das Gegenteil vom Green Field beschreiben lässt. Es gab dort keinerlei Rauchschwaden, dafür aber sichtlich frisch gewischte Tische und eine Bar, die zu glänzen schien. Hier saßen nicht alle bei einem Bier. Das war wohl der frühen Stunde geschuldet, genauso wie die Anzahl der Personen, die hier die Plätze besetzten; es war etwa die Hälfte als wie am Vortag im Green Field. Ich suchte mir einen freien Platz und nahm zur Kenntnis, dass es hier scheinbar eine Karte gab. Die Auswahl der Speisen aber, war nicht wirklich größer als die im Green Field. Es gab hier noch zusätzlich Fisch und eine Süßigkeit zum Dessert. Den Rest der Karte füllten die Getränke sowie der Hinweis, dass es hier auch Erdnüsse, Chips und Scampi Fries gab. In Packungen zu je 30 gramm. Für den kleinen Hunger zwischendurch. Gerade als ich aufstehen und zur Bar gehen wollte, kam ein junges

Mädchen an meinen Tisch und fragte mich was ich denn wolle. Ich schien meine Verblüffung offen zur Schau zu stellen, denn sie meinte bis zum Nachmittag wäre hier immer Bedienung. Ich bestellte eine Kanne Tee und den Fisch. Sie meinte der Fisch würde noch ein wenig dauern, der Koch würde gerade mit seiner Arbeit beginnen, es wäre ja ohnehin erst halb elf. Natürlich wusste sie nicht um meine kalorientechnische Befindlichkeit Bescheid, ich bat sie lediglich, falls es in ihrer Macht stehe, meinen Fisch wohl etwas mehr Priorität beizumessen. Sie lächelte und verschwand wieder. Nach etwa fünf Minuten brachte sie mir mit demselben Lächeln ein Tablett auf dem eine Kanne, eine Tasse, Zucker, Milch und zwei Löffel lagen. Ich sollte wohl einen der beiden Löffel für den Zucker verwenden. Ich war schon froh darüber nicht diese kleinen Päckchen zu bekommen. *White sugar* und *brown sugar*, ich erinnerte mich noch gut daran. Ich benötigte ohnehin mehrere davon für eine Tasse. Hier war brauner Zucker in der Dose, große Kristalle. Schlecht für mich, nicht der braune Zucker, aber die großen Kristalle. Ich hatte nie die Geduld aufzubringen vermocht, so lange mit dem Trinken zu warten, bis sich alle Kristalle restlos aufgelöst hatten. Ich gab meisten zu viel davon in meine Tasse, die sich aber erst während des Trinkens auflösten, sodass etwa das letzte Drittel Tee zu süß war. Ich tat mir hier auch etwas Milch dazu. Milch, für meinen Magen. Nun gut, der Fisch wäre ohnehin die nächste Probe. War er in Teig oder nicht, das stand nicht einmal auf der Karte. Nachfragen wollte ich nun aber auch nicht mehr. Er war ohnehin schon bestellt und ich wartete mittlerweile seit fast einer halben Stunde darauf.

Ich hatte den Fisch schnell hinuntergeschlungen, da ich wirklich hungrig war. Die drei Erdäpfel die meine Beilage darstellten, waren etwas zu salzig für meinen Geschmack und lediglich mit ein wenig Petersilie dekoriert gewesen. Ich hatte nach meiner Mahlzeit um ein Glas Wasser gebeten um diesen salzigen Geschmack aus meinem Mund zu bekommen. Danach hatte ich die Toilette aufgesucht, hatte bezahlt und war gegangen. Diesmal aber mit der Kirche in meinem Rücken. Ich ging die schmale Gasse entlang, heute in die entgegengesetzte Richtung als gestern, an einigen wenigen, vom Wetter gezeichneten aber dennoch idyllischen Häusern vorbei, den Feldern entgegen, die in kurzer Entfernung auf mich warteten. Es war ein typischer Tag hier, die Sonne schien, es sah trotz einiger Wolken die am Himmel waren gar nicht nach Regen aus und komplett Windstill. Kein Lüftchen regte sich. Das würde sich tagsüber wohl ändern, war es doch üblich, dass hier, so nahe an der Küste im Laufe eines Tages das eine oder andere Lüftchen durchzog und immer wieder die Wolken sich ein wenig von ihrer Last befreiten. Das erste Feld schien sich etwa zweihundert Meter vor mir auszubreiten und direkt an einem Baum, der auf einer leichten Anhöhe stand, mit einer sich darunter befindenden Bank zu strecken. Ich würde dort ein wenig verweilen. Rasten vom Nichtstun, eine fast schon vergessene Qualität. Auch die wenigen Gedanken eines größtenteils leeren Geistes müssen hin und wieder geordnet werden. Der Baum musste historisch gesehen mehr miterlebt haben, als in einem durchschnittlichen Geschichtsbuch niedergeschrieben war. Die Bank darunter sah nicht minder mitgenommen aus. Unzählige Liebesschwüre und Namenskonstellationen waren in sie eingraviert worden. Es war interessant sie zu entziffern auch wenn es mir schwer fiel. Die meisten Gravuren mussten vor langer Zeit entstanden sein. Sie waren verwittert und manche konnte man nur noch erahnen. Ein kleiner *circle of life*, auf dem ich nun saß und mich von der angenehm warmen Mittagssonne anscheinen ließ. Mein Blick schweifte nach links und blickte auf Piercetown. Eine Ansammlung von vielleicht hundert Häusern rund um die Kirche, dann sich nach links von der Kirche aus hinziehend bis sich der Ort wieder in

Feldern verlief. In der Ferne machte ich einen schmalen Fluss aus, es war anscheinend der von heimwärts Torkelnden gut besuchte. Ich musste schmunzeln, zu viel Klischee schien mir diese Vorstellung. Die Iren waren zwar für ihre Trinkfreudigkeit bekannt, lagen aber hinter uns Österreichern im Bierkonsum, nur in Deutschland und in Tschechien trank man noch mehr. Das änderte sich aber jährlich. Die Spitzenreiter blieben aber dieselben. Vielleicht glich man hier die Differenz hier mit Whiskey aus. Leicht möglich und ich erinnerte mich an die gut gefüllten Gläser vom Vorabend. Kurz bevor die Stadt links vor den Feldern endete, entdeckte ich nun die zweite Kirche. Sie war mindestens um die Hälfte kleiner als die, die ich schon kurz besucht hatte. Ihr Glockenturm schien hingegen aber aktiver zu sein. Und just schlug im selben Moment die Uhr einmal. Es war also ein Uhr Mittag. Ich stand auf und ging den unebenen Weg weiter, an einem Feld mit Steckrüben, sogenannten *Turnips* vorbei, die man hier wohl an jeder Ecke antraf. Sie schmeckten etwas fade und waren wahrscheinlich bloße Sättigungsbeilage, ein Wort, welches ich überhaupt nicht leiden konnte. Es klang, als würde es um eine Abfertigung gehen, erinnerte mich ein wenig an Mastgänse, die man auch vollstopfte um ein Ergebnis zu erzielen, lieber weniger und dafür zumindest ausgezeichnet, war meine Devise.

Immer wieder war das Feld von Büschen gesäumt die bis auf den Gehweg wucherten und zwischen den Feldern selbst, waren schmale Steinmauern, die sie voneinander trennten. Am Ende des Feldes begann ein schmaler Baumstreifen, davor lag aber noch ein Weg der mich rechterhand weitführen würde. Ich schlug ihn ein, betrachtete links von mir das Unterholz und kam nach wenigen hundert Metern an eine Querstraße, die links durch den Wald führte und sich rechts, etwas breiter zwischen zwei Feldern entlangzwängte. Diesmal waren beide Seiten der Straße von den niedrigen Steinmauern eingesäumt. Ich entschied mich dazu wieder rechts zu gehen, meiner inneren Orientierung nach, würde ich so zumindest wieder ungefähr Richtung Piercetown kommen. Ein Wagen kam hinter mir langsam zu stehen. Nein, ich wollte nicht mitgenommen werden, ich wollte einfach nur spazieren gehen. Es war herrliches Wetter und ich wollte meinen Magen ein wenig schonen. Mir war immer noch übel und die, wenn auch kurze Fahrt über diese holprige Straße, auf der es immer auf und nieder ging, wäre mir möglicherweise nicht allzu zuträglich gewesen. Der Wagen fuhr weiter und ich hoffte, dass ich den Fahrer nicht gekränkt hatte, als ich seine Hilfsbereitschaft ausschlug. Ich hatte am Vortag fürs Erste ohnehin genug Bekanntschaften gemacht, ein wenig Alleinsein würde mir jetzt nicht schaden, war ich deswegen ja auch zu einem großen Teil her gekommen. Ich ließ mich also vom Lauf der Straße führen, zwischen den Feldern entlang, bis ich vor mir wieder einige Häuser auftauchen sah. Die Häuserreihe brachte mich direkt, an einem kleinen, mit stark verwitterten Steinmauern umfassten Friedhof vorbei, zur zweiten Kirche von Piercetown. Das Gebäude war nicht allzu hoch und der Turm überragte die Dächer der umliegenden Häuser, die allesamt über das erste Stockwerk nicht hinauskahmen, nur um wenige Meter. Es gab kein Zifferblatt von dem man die genaue Zeit ablesen konnte, vielleicht lag es also daran, dass umso gewissenhafter akustisch auf die jeweilige Tages- beziehungsweise auch Nachtzeit hingewiesen wurde. Ich wollte mich im Gebäude selbst ein wenig umsehen, doch die Tür war verschlossen. Im Schaukasten, der rechts neben dem Eingang hing und einmal wohl auch mit einer Glasscheibe gegen Wind und Wetter ausgestattet gewesen sein musste, hing ein Schild mit der Gottesdienstordnung. Nichtmessbesucher sollten einen Obolus bereithalten. Ja, würde ich auch, wenn ich nur hineinkönnte. Diese Möglichkeit schien zumindest jetzt, aber nicht gegeben zu sein. Also ging ich weiter. Ich fand mich wieder im belebteren Teil von Piercetown, zumindest waren, im Gegensatz zu gestern Abend, mehrere Menschen auf der Gasse und begegnete einer Handvoll Kinder, die wahrscheinlich gerade vom Unterricht heimkehrten und einigen Frauen die ihrer irischen Wege gingen. Und das ungewohnte für mich dabei war, dass sie mich alle grüßten, obwohl wir uns offensichtlich ja überhaupt nicht kannten. Der weitere Verlauf war ein wenig abschüssig und mündete in der Hauptstraße. Ich musste sie lediglich überqueren und befand mich wieder im Green Field. Ich hatte einen ordentlichen Spaziergang hinter mir und würde mir ein Bier genehmigen; heute würde ich mich dem Stout hingeben. Das hervorragende Ale vom Vortag hatte ich zwar noch in bester Erinnerung, andrerseits, wenn ich an meine gestrige und heutige Übelkeit dachte, wollte ich mich vergewissern, ob es nicht daran gelegen hatte. Ich trat also ein und ging geradewegs zur Bar. Es stand derselbe junge Mann hinter dem Ausschank wie am Vortag und er begrüßte mich auch umgehend als er in mir den Tölpel von gestern erkannte. Ale, war seine Frage. Stout meine Antwort. Ich setzte mich mit meinem bis zum Rand gefüllten Glas an denselben Platz den ich gestern schon inne hatte und trank die

Hälfte in einem Zug leer. Ich war mehr als zwei Stunden unterwegs gewesen und war dementsprechend durstig. Bier mochte vielleicht nicht der optimale Durstlöscher sein, doch was konnte es schon ausmachen, ich hatte Urlaub und ohnehin nichts Genaueres für heute mehr geplant. Ich würde morgen weiterreisen und mir ein nettes Fleckchen für die nächsten paar Wochen finden. Meine beiden Zigarettenpackungen hatte ich auf meinem Zimmer gelassen, nach Rauchen war mir nach dem Frühstück nicht zumute gewesen obwohl es mich, aus Gewohnheit, jetzt doch ein wenig unruhig machte, keine Zigaretten mitzuhaben. Ich nahm einen weiteren kräftigen Schluck, zu kräftig im Nachhinein, denn so schnell wie das Bier meine Kehle hinunterlief, so schnell bahnte es sich seinen Weg wieder ins Freie, in diesem Fall war es die Gaststube. Die etwas säuerlich riechende, dunkelbraune Flüssigkeit tropfte von meinem Tisch und es war Totenstill. Und alle sahen mich an. Zu meinem Glück saßen im Raum nur drei Gäste, dazu kam der Schankbursche. Er behielt Haltung; anscheinend war ich nicht der erste, dem dieses Missgeschick unterlaufen war. Fast gelangweilt kam er an meinen Tisch, wischte mit einem nassen Lappen darüber und somit den Rest meiner kurzzeitigen Körperflüssigkeit auf den Boden. Dann holte er einen Mopp samt Kübel, wischte ein wenig lustlos am Boden hin und her und sagte mir, mit einem süffisanten Gesichtsausdruck, dass es wohl ein wenig zu viel für mich am Vortag gewesen sein musste.

Möglich, meinte ich und stand auf. Mir war nun wirklich richtig übel geworden. Lag es an meinem Missgeschick oder stimmte mit meinem Magen wirklich etwas nicht. Ich entschuldigte mich, wobei mein Gegenüber abwinkte, sei schon in Ordnung, ich solle mich vielleicht hinlegen. Das werde ich tun sagte ich, und ging.

Der, an sich kurze Weg zu meinem B&B schien mir der längste meines bisherigen Lebens. Jeder Schritt fiel mir schwer, und jeder weitere schwerer als der vorhergegangene. Mir war speiübel und ich hatte Angst mich jeden Moment wieder übergeben zu müssen. Als ich endlich angekommen war und die, wieder nicht versperrte Haustüre aufschloss, hielt ich vor der ersten Stufe einmal inne. Ich hatte kalten Schweiß auf der Stirn, zitterte ein wenig vor Kälte und das Gefühl, als würde alles, was ich jemals zu mir genommen hatte, mich auf dem schnellsten Weg wieder verlassen wollen. Ganz gleich welche Richtung. Ich stürmte in den ersten Stock, riss die

Badezimmertür auf und kam vor dem Abort zu stehen, kniete mich nieder und ließ der Naturgewalt ihren Lauf. Nachdem mein Magen offensichtlich entleert war ging ich in mein Zimmer, schloss die hölzernen Fensterläden und legte mich ins Bett. Bis auf meine Hose behielt ich meine Kleidung an. Mir war kalt und ich fühlte mich elend. Mir war zum Jammern zu mute. Ich war zum ersten Mal, nach Jahrzehnten alleine unterwegs und dann so etwas. Ich litt, und da mich niemand bedauern oder auch zurechtweisen konnte, schlief ich nach kurzem Leiden ein. Ich schlief durch bis zum nächsten Morgen, tief und fest, sodass ich nicht einmal bemerkte, dass meine Hauswirtin mir einen kurzen nächtlichen Besuch abstattete.

Shot 5

Es war kurz nach sechs Uhr früh als ich aufwachte und ich fühlte mich sofort wie erschlagen. Dazu kam noch diese Übelkeit. Ich setzte mich auf, hielt mit meinen beiden Händen auf der Bettkannte das Gleichgewicht, sprang aber umgehend auf und lief ins Bad. Ich klappte den Deckel hoch, sowie den Sitz selbst in meiner Hast und hatte es gerade noch geschafft. Es rumorte in meinem Inneren und jeglicher Inhalt meines Darms ergoss sich in Windeseile in die wunderbare, weiße Keramikschüssel. Einerseits ging eine Art der Erleichterung mit der Entleerung einher, auf der anderen Seite war ich nun doch etwas beunruhigt. Was hatte ich mir denn da eingefangen; und vor allem wo? Drei Wochen Irland hatten bereits begonnen und die ersten Tage waren überschattet von der Kapitulation meines Stoffwechsels. Ich saß eine Weile am kalten Rand und raffte mich dann auf, um mich unter die Dusche zu stellen. Dort war ich einigermaßen in Sicherheit. Ich ließ also das vorerst lauwarme Wasser über meinen Körper rinnen und brachte so meinen Kreislauf wieder in Gang. Was hatte ich für Möglichkeiten? Ich musste eine Apotheke finden um mir, was immer sie auch üblicherweise hier hatten, zu besorgen. Das konnte doch nicht so schwierig sein. Ich würde mich danach wieder hinlegen und meinetwegen bis morgen durchschlafen um dann wieder bei Kräften zu sein. Den Kaffee würde ich heute aussparen. Es war wohl noch früh genug um bei Miss Roth zu intervenieren. Als ich in mein Zimmer zurückkehrte, zeigte meine Uhr kurz vor sieben. Ich zog mich also an und stieg hinunter um Miss Roth im Schlafmantel in der Küche werkend vorzufinden. Sie öffnete gerade eine Packung mit Speckscheiben als sie mich sah.

„Ah, sie sind schon da, es dauert nur noch einen Augenblick, der Kaffee läuft gerade durch."

„Ja, ich wollte bitten heute Tee zu bekommen. Ich weiß zwar nicht wie, aber anscheinend habe ich mir den Magen verdorben. Vielleicht auch nur Toast. Keinen Speck heute und keine Wurst. Toast, Butter. Das reicht."

„Wollen sie abnehmen?"

„Nicht direkt, ich möchte meinen Magen schonen. Wo ist denn hier so etwas wie eine Apotheke?"

„Eine Apotheke? Es gibt in Piercetown keine Apotheke. Sie können in den Laden von Lloyd Hughes gehen. Dort gibt es eigentlich alles, was man so braucht. Was benötigen sie denn?"

„Ich weiß auch nicht so genau. Etwas gegen Magenverstimmung, würde ich tippen."

Ich sah in ihr etwas zu verständnisvolles Gesicht, drehte mich um und ging in den Speiseraum. Ich nahm mir eine der Zeitschriften die dort herumlagen. Es war eine Wochenzeitschrift anscheinend aus der Region. Es gab einige Berichte über kleine Dörfer, da hatte ein Stall gebrannt, dort gab es eine Feier. Hundertjährige, runde Geburtstage und Geschichten solcher Art. Eine hatte es mir besonders angetan. Zwei Tramper hatten ihr Zelt auf einer Weide aufgebaut und fanden sich plötzlich von hunderten Kühen und einigen Bullen umringt. Wie es dazu kam, schilderten sie im Kurzinterview. Sie wären über den Bach, der das Feld auf der einen Seite eingrenzte gesprungen, die Böschung hinaufgeklettert und hätten sich eben auf dem Feld, das leer von jeglichem Getier war, für die Nacht einrichten wollen. Von der Straße aus, war es außerdem uneinsichtig gewesen und so dachten die beiden wohl, es wäre der perfekte Platz um hier, unerlaubterweise zu campen. Nun, wie gesagt, sie hatten ihr Zelt gerade fertig aufgestellt, waren hineingekrochen und hatten nach nur wenigen Minuten das Gefühl, als ob etwas nicht in Ordnung wäre. Waren es die Erschütterungen, die die Tiere schon von fern erkennbar machten? Aber was es auch gewesen sein mag, einer der beiden steckte seinen Kopf heraus und sah am Ende des Feldes, die Herde einlaufen. Die Tiere selbst, sahen das Zelt und blieben erst einmal stehen. Es war ein abwägen der Risiken. Die beiden beschlossen, so schnell wie möglich wieder weiterzuziehen, brachen ihr Zelt ab und machten sich, wie sie gekommen waren, über Böschung und Bach aus dem Staub. Die Tiere sahen ihnen, aus sicherer Entfernung zu und überlegten wahrscheinlich genauso, ob sie die Nacht hier verbringen sollten oder lieber doch das Weite suchen.

Der Tee war mittlerweile gekommen und ich war froh darüber, dass Tee hier auch Tee war. Man musste nicht überlegen ob man irgendwelches Unkraut oder getrocknete Beeren aus dem Wald mit einem Potpourri an Aromastoffen ins heiße Wasser werfen sollte, weil es eine zu große Auswahl an sogenannten Tees gab, die andere als Duftmischung zur Dekoration am WC aufstellten. Kurz und bündig, schwarzer Tee. Also war ich vorerst einmal zufrieden. Ich goss mir eine Tasse ein und verzichtete heute einmal auf Zucker. Dann kam der Toast, vier Scheiben waren im Halter nebeneinander gereiht und verbreiteten einen angenehmen Duft, der auch appetitanregend wirkte. Ich bekam richtigen Hunger. Also nahm ich mir ein Messer und schmierte damit Butter auf eine Scheibe, die ich sogleich hinunterschlang. Mit den anderen dreien verfuhr ich ebenso. Der Tee hatte mittlerweile Trinktemperatur und ich trank ihn in kleinen Schlucken. Ich schien Toast sowohl als Tee gut zu vertragen und mein Magen war offensichtlich der gleichen Meinung. Ich würde mich nun ein wenig hinlegen um mich dann auf den Weg zu Lloyd Hughes Laden zu machen. Hoffentlich gab es dort etwas, das mir helfen würde. Ich nahm mir die Zeitschrift, die ich vorher zu lesen begonnen hatte und ging wieder in mein Zimmer um mich aufs Bett zu legen. Ich blätterte ein wenig herum und nickte dabei aber umgehend ein. Ich hatte offensichtlich etwas Schlaf nötig.

Um halb elf wachte ich wieder auf und beschloss, mir nun etwas zu besorgen. Mir war zwar nicht mehr so übel wie vorher, ich konnte aber immer noch nicht behaupten, mich wirklich wohl zu fühlen. Als ich auf die Straße trat, nieselte es etwas. Es war kühler als am

Vortag aber noch nicht zu kalt. Ich hatte eine Kappe im Zimmer, nur wollte ich jetzt nicht mehr zurück um sie zu holen. Ich war froh, dass ich es mittlerweile bis hierher geschafft hatte. Also streifte ich meine Kapuze über und machte mich auf den Weg. Keine Apotheke in Piercetown. Ein eigenartiger Ort. Oder lag es daran, dass viele der kleinen Geschäfte mittlerweile großen Ketten beziehungsweise Einkaufszentren weichen hatten müssen. Von Tesco gab es hier wohl alle zehn Kilometer eine Filiale. Nun gut, ich musste mich mit den Gegebenheiten arrangieren. Ich hatte nur eine kurze Wegstrecke zu Hughes Allwarenladen zurückzulegen. Keine zehn Minuten. Ich sah in das Schaufenster als ich auf die Eingangstür zuging und entdeckte dort die unterschiedlichsten Waren, die hier angeboten wurden. Neben Gläsern und Kochtöpfen, weiterem Geschirr lagen dort mehrere Bücher sowie Kekspackungen und ein Fön. Davor jeweils ein mittlerweile verblichenes Preisschild, wahrscheinlich war die Bezahlung Verhandlungssache. Bei meinem Eintritt vernahm ich eine Glocke, die lautstark durch den Raum schallte und sofort kam ein älterer Herr auf mich zu und begrüßte mich. Er musste zwischen sechzig und siebzig sein, war etwas größer als ich selbst und hatte eine sichtlich antike Hornbrille auf der Nase. Ansonsten wirkte er auch wie der klassische Krämer, hatte einen blauen Arbeitsmantel über seiner Kleidung, Hose, Hemd & Schleife, und eigenartigerweise einen alten Hut auf dem Kopf. Der Hut an sich musste schon lange in Benutzung sein, er hatte einige speckige Stellen, vor allem dort, wo er in die Hand genommen wurde. Ich versuchte also kurz meinen Fall zu schildern, aber der alte Herr lachte nur kurz und etwas schrill auf. Ja früher, als er selbst noch nicht hier arbeitete, sondern sein Großvater das Geschäft führte, gab es allerlei Mittel und Substanzen, die nun nur noch in Apotheken erhältlich wären. „Die Zeiten haben sich geändert. Viele dieser einfachen Hausmittelchen fallen nun unter andere Bestimmungen und die Bastarde der Regulierung haben sich das alles unter den Nagel gerissen." Er würde mir raten mich ins Bett zu legen, etwas Suppe zu essen und nicht auf das Salz zu vergessen. Das wäre in einem solchen Fall äußerst wichtig. Er würde mir auch noch ein, zwei Flaschen Ale pro Tag empfehlen. Es würde mich kräftigen und ich würde, als Nebeneffekt dieser Behandlung, auch noch einen guten Schlaf finden. Ich winkte ab und meinte, dass ich ohnehin gut versorgt wäre. „Sie wohnen derzeit bei Sheila, ich weiß. Wissen sie, Piercetown ist ein kleines Dorf, hier spricht sich alles schnell herum." Mit diesen Worten packte er drei Flaschen Ale in einen kleinen Papiersack und brachte die Kasse zum Klingen. Beim Hinausgehen war ich immer noch über seinen Geschäftssinn verblüfft, die Flaschen in Papier fest an mich gepresst. Ich fühlte mich nun wieder schlechter als vorher, als ich das Haus verlassen hatte. Ich kehrte also zurück, schloss hinter mir die Zimmertüre und setzte mich erst einmal auf mein Bett. Da klopfte es. Sie dürfte wirklich ansonsten nicht viel zu tun haben, ging es mir durch den Kopf und ich war wohl etwas ungehalten als ich die Türe öffnete, denn Miss Roth sah mich etwas erschrocken an.

„Entschuldigung die Störung, aber ich wollte wissen ob sie zu Mittag hier wären. Ich habe Suppe gekocht und falls sie etwas möchten, es wäre kein Problem für mich. Suppe ist gut in ihrer Situation. Die gibt Kraft und ist leicht für den Magen."

„Ja, danke. Ich hätte gerne welche. Aber es wäre mir lieber, wenn ich hier im Zimmer bleiben könnte."

„Natürlich. Ich bringe ihnen gleich etwas davon herauf. Warten sie."

Als ob ich davonlaufen würde. Aber sie kam wirklich gleich wieder, hatte ein Tablett mit einem Teller und einer Schüssel. Sie stellte es auf den kleinen Tisch neben der offenen Tür und blieb noch kurz stehen. Mir war, als würde sie noch bleiben wollen. Es war wohl der gänzlich falsche Moment, ich war immun und wollte ein wenig Suppe und ansonsten nur meine Ruhe. Vielleicht würde es mir morgen wieder besser gehen. Obwohl, das hatte ich mir gestern auch schon erhofft.

Miss Roth hatte den Raum verlassen und ich saß einfach da und löffelte Suppe in mich hinein. Sie war etwas zu salzig für meinen Geschmack, ansonsten sehr gut. Es schwammen auch paar Fleischstücke zwischen den Karotten und dem übrigen Gemüse herum; ob es eines der Hühner war, die hinter dem Haus scharrten und gackerten? Möglich, jetzt aber auch egal. Ich bemerkte, dass ich zu schwitzen begann und es fröstelte mich auch ein wenig. Wahrscheinlich war der, obwohl kurze, Spaziergang im Nieselregen suboptimal für meine derzeitige Verfassung gewesen. Ich löffelte mein Teller leer, stand auf und entledigte mich meiner Hose bevor ich unter die Bettdecke kroch. Ich fühlte mich mittlerweile hundeelend und hoffte auf die Erlösung durch schnell eintretenden Schlaf. Beim Aufwachen sollte alles vorbei sein, sollte.

Dem war verständlicherweise nicht so. Ich wachte auf und fühlte mich genau so elend wie vorher. Und da war es plötzlich, das Gefühl das mich darauf aufmerksam machte, dass etwas auf dem umgekehrten Weg meinen Körper zu verlassen gedachte. Ich sprang aus dem Bett, riss die Tür auf und rannte ins Badezimmer. Die Tür war bloß angelehnt, sodass ich sie schnell aufstoßen konnte um letztendlich Miss Roth, nackt wie Gott sie geschaffen hatte, gegenüber zu stehen. Sie sah mich an und meinte nur, „sie sehen aber gar nicht gut aus." Ich machte auf dem Absatz kehrt, lief zurück in mein Zimmer, riss das Fenster auf und ließ der Natur ihren Lauf. Mein Mageninhalt, der bis auf die Suppeneinlage und die Toastscheiben vom Frühstück nur aus Flüssigkeit bestand, ergoss sich auf den schmalen Gehstreifen unter meinem Fenster. Es war schon dunkel und zu meinem, und vor allem zum Glück eines potentiellen Nachtschwärmers oder einer Nachtschwärmerin, befand sich dort unten auch niemand. Nun war mir nur noch übel. Der akute Brechreiz war weg und ich lag wieder im Bett. Was machte sie nur immer in meinem Badezimmer, oder hatte sie wirklich kein eigenes. Mir war das jetzt zwar vollkommen gleich, ich konnte mich in meinem Zustand nicht mit diesem kleinen Zwischenfall beschäftigen. Wahrscheinlich hatte sie es ohnehin darauf angelegt. Zu meinem Glück schlief ich auch umgehend wieder ein um am nächsten Tag, als es schon hell war, erst wieder aufzuwachen. Ich hatte reichlich geschwitzt diese Nacht, sodass ich erst einmal eine Dusche nahm. Ich achtete aber darauf, dass das Badezimmer leer war, bevor ich es betrat. Mein nächtliches Erlebnis war mir noch sehr bildlich in Erinnerung. So etwas sollte mir hier nicht nochmal passieren. Abgesehen davon würde ich, sobald es meine Gesundheit erlaubte, ohnehin weiterreisen. Ich hatte nicht vor gehabt hier zu bleiben und ich würde es auch nicht tun. Das Frühstück war fürsorglich auf meinen Zustand abgestimmt und musste, als ich unter der Dusche gestanden hatte wohl hergerichtet worden sein. Es gab Toast, Marmelade, Butter und Tee. Anscheinend hatte Misses Roth anstatt der Würste und des Specks mir einen weiteren Topf Suppe zubereitet, den ich auch restlos auslöffelte. Selbst wenn es mir nicht gut tun würde, ich musste etwas in meinen Magen bekommen. Das Hungergefühl überwog jetzt stark und komme was wolle, ich brauchte feste Nahrung; aß also auch einige Scheiben Toast, der mittlerweile aber schon ausgekühlt war. Miss Roth betrat den Raum und schien etwas kürzer angebunden als sonst zu sein. Ich dachte mir, es wäre besser unseren Badezimmervorfall nicht anzusprechen und eröffnete das kurze Gespräch mit der Frage, ob es hier einen Arzt gäbe. Auf meine Selbstheilungskräfte wollte ich mich, in Hinblick auf die limitierte Aufenthaltszeit, nicht mehr ausschließlich verlassen. „Ja", es gäbe einen meinte sie. Dr Kellshagg hätte seine Ordination in einer der Seitengassen die abzweigt auf dem Weg ins Green Field. Nun, den Weg kannte ich. Ich bedankte mich, sagte, dass ich weiter nichts benötigen und mich erst einmal auf den Weg zu Doktor Kellshagg machen würde. Miss Roth verließ den Raum und war sichtlich erleichtert, dass unser Gespräch keine weiteren Inhalte hatte.

Doktor Kellschaggs Ordination war im ersten Stock eines zweistöckigen Hauses untergebracht, das von außen wesentlich größer als von innen wirkte. Ich klopfte im ersten Stock also an die Tür mit dem schon sehr stark korrodierten Namensschild und wartete. Nichts regte sich. Ich klopfte nun ein weiteres Mal, etwas lauter und das Ergebnis war dasselbe. Ich trat also ein, mochte es auch gegen die Gute Sitte vor Ort verstoßen und fand mich in einem winzigen Vorraum mit einem Kleiderständer der leer war. Meine Jacke wollte ich nicht ausziehen, mich fröstelte immer noch ein wenig, und so ging ich weiter in ein etwas größeres Zimmer, den Warteraum wie ich richtig annahm. Der war leer. Es schien hier niemand zu warten aber auch niemand jemanden zu erwarten. Da öffnete sich just eine Türe und eine etwas ältere Dame, geblümtes Kleid, winzige Brille auf der Nase und die scheinbar langen Haare zusammengebunden, trat auf mich zu.

„Ja, bitte?"

„Ich möchte zu Doktor Kellschagg."

„Sie sind nicht von hier, oder?"

„Ja, ich befinde mich auf einer Reise."

„Wohin wollen sie?"

„Nun, ich weiß noch nicht, jetzt möchte ich zu Doktor Kellschagg."

„Setzten sie sich einmal hin. Was fehlt ihnen denn?"

„Mir ist seit einigen Tagen Speiübel. Ich muss etwas Falsches gegessen haben, weiß aber nicht was oder wann."

„Wissen sie, die meisten Menschen essen das Falsche, das ist nichts Besonderes, aber ich weiß was sie meinen. Nehmen sie bitte jetzt einmal Platz."

Und das tat ich, bis ich nach etwa einer Stunde aufgefordert wurde, das Arztzimmer zu betreten. Nicht, dass sie jetzt glauben es wären einige dringende Fälle vor mir gewesen, jemand hätte einen Notfall oder ähnliches gehabt, nein, nichts dergleichen. Anscheinend hatte man hier einen Warteraum, der auch genutzt werden wollte. Hinter einem antiken Schreibtisch saß ein ebenso antiker Mann. Er hatte einen weißen Kittel an, der zugeknöpft war und somit konnte ich seine Alltagskleidung nicht erkennen. Die Knöpfe schienen, ob der Größe des Kittels zu spannen. Der Körper dieses Mannes hatte sich eindeutig einen größeren erarbeitet. Doktorr Kellschagg blickte von seiner Zeitung auf und sah mich mit wässrigen Augen an.

„Was fehlt ihnen denn?"

„Mir ist seit einigen Tagen Speiübel. Ich hatte auch Fieber diese Nacht. Hab die ganze Nacht geschwitzt."

„Haben sie erbrochen?"

„Ja, mehrmals. Wissen sie, ich bin auf einer Urlaubsreise, ich möchte wieder weiter, und da es hier keine Apotheke gibt, würde ich sie bitten, mir etwas zu verschreiben, das mich wieder auf den Damm bringt."

„Sie waren das also im Green Field. Hm, spricht sich alles recht schnell hier herum, Auf dem Damm, nun, hier haben wir keine Dämme, aber ich verstehe sie. Ist modern heute, in die Apotheke zu gehen um sich schnell was zu holen. Seit wie vielen Tagen haben sie das? „

„Seit meiner Ankunft vor drei Tagen schon. Ich habe es erst einmal nicht so ernst genommen. Ich dachte ich wäre Seekrank von der Überfahrt aber es wurde immer unerträglicher."

„Haben sie Whiskey getrunken?"

„Ja, aber nicht so viel, das kann unmöglich davon sein, es muss vom Essen kommen.

„Das meine ich nicht", sagte Kellschagg. „Ich will wissen ob sie schon Whiskey probiert haben?"

„Wozu?"

„Um ihrem Magen zu helfen gegen diverse Untermieter zu kämpfen. Wahrscheinlich haben sie irgendwelche Tierchen in sich, Salmonellen vielleicht. Kaufen sie sich eine Flasche Whiskey, trinken sie mehrmals täglich davon, aber verdünnen sie ihn nicht mit Wasser. Das trinken sie so. Und vielleicht zweimal täglich Suppe. Da essen sie auch nicht zu viel, aber genug, dass sie keinen Hunger verspüren."

„Ich dachte eher daran, dass sie mir etwas verschreiben, das mir hilft."

„Das wird ihnen helfen. Glauben sie mir. Abgesehen davon, bin ich hier der Arzt und sie müssen auf mich hören."

„Ja, aber gibt es nichts zur Unterstützung?"

„Was soll ich ihnen verschreiben? Hilft doch ohnehin alles nicht. Gehen sie und kaufen sich eine Flasche Whiskey bei Lloyd Hughes. Dann legen sie sich ins Bett, der Whiskey wird ihnen auch beim Einschlafen behilflich sein, das können sie sich auch gleich merken, und kurieren sich aus. In kürzester Zeit sind sie wieder am Damm, so wie sie sagen."

„Wie lange wird das dauern, ich möchte nämlich noch weiterreisen."

„Ich weiß nicht, ein paar Tage vielleicht noch, oder es geht ihnen morgen schon wieder besser, hängt von der Schwere der Erkrankung und ihrer Konstitution ab. Dann können sie immer noch ans Weiterfahren denken. Jetzt sind sie einmal hier. Und seien sie froh, es könnte schlimmer sein. Es kann immer schlimmer sein."

Ich wusste nicht ob ich mich auf diese Expertise verlassen sollte. Kellschagg hatte sich keinerlei Notizen gemacht, er hatte mir nicht einmal den Puls gemessen. Wie konnte er schon wissen was mir fehlte. Auf der anderen Seite aber, vielleicht verstand er sein Handwerk auch, er musste es ja schon seit einer Ewigkeit ausüben. Ich entschloss mich seinem Rat zu folgen und ging zu Lloyd Hughes, der ja um die Ecke lag und bestellte eine Flasche Whiskey. Welchen war mir gleich, ich schmeckte ohnehin nicht wirklich einen Unterschied in meinem Zustand. Ich nahm eine halbe Flasche, bezahlte und ging. „Gute Besserung" rief mir Mister Hughes noch nach. Ich musste an Kellschaggs Worte denken, „spricht sich alles recht schnell hier herum"; es schienen hier alle recht gut informiert zu sein.

Die nächsten beiden Tage verbrachte ich im Bett. Es schien mit mir wieder bergauf zu gehen , ich verschlief die meiste Zeit, fühlte mich deswegen vielleicht auch etwas schwächer. Nur ein einziges Mal musste ich mich noch übergeben. In der Nacht, nachdem ich bei Dr Kellschagg gewesen war, wachte ich auf und sprang wieder aus dem Bett, besann mich aber eines besseren, um nicht ohne weiteres ins Bad zu laufen um einen abermaligen peinlichen Augenblick heraufzubeschwören, und so musste ich unter diesen Umständen die Suppenschüssel, die vom Abend noch auf ihrem Platz neben Teller und Löffel stand, zu Rate ziehen. Nachdem ich mich vergewissert hatte, dass das Badezimmer unbesetzt war, entleerte ich sie dort umgehend und spülte sie aus.

Shot 6

Nach zwei vollen Tagen Whiskeykur ging es mir schon wesentlich besser und ich nahm erstmals wieder ein üppiges Frühstück ein. Mein Magen schien in äußerst guter Verfassung zu sein, ich war nicht müde und abgesehen davon, dass ich mich ein wenig wackelig auf den Beinen fühlte, war ich bester Laune. Endlich konnte ich meine Zeit hier zu genießen beginnen. Heute würde ich mich kundig machen welche Busverbindungen es hier gab und wohin sie mich bringen könnten. Doch erst einmal musste noch etwas erledigt werden. Ich wollte mir den kleinen Friedhof, den ich auf meinem letzten Spaziergang entdeckt hatte, ansehen. Die Sonne schien, ich konnte ihre wärmenden Strahlen unmittelbar spüren als ich auf die Straße trat, somit machte auch der leichte Wind nichts aus, der heute vorherrschen sollte. Am Platz vor der Kirche waren zur Abwechslung mehr Menschen als sonst vorstellig geworden, es war anscheinend Markttag. Vier üppige Stände waren aufgebaut die einiges an Waren feilboten. Drei waren mit Obst und Gemüse gefüllt und der dritte, der einzige mit Sonnendach, bot Fleisch und

Käse an. Da ich mir gerade den Magen gefüllt hatte, konnte mich hier nichts wirklich reizen, ich würde ohnehin die nächsten Wochen in ländlichen Gefilden sein, da gäbe es sicher noch die eine oder andere Gelegenheit mich regional und bodenständig zu versorgen, und machte mich zielstrebig auf den Weg. Ich schlenderte die Straße entlang Richtung Green Field, vorbei an Doktor Kellschaggs Praxis, vorbei am Laden von Lloyd Hughes und bog dann, kurz vor dem Green Field links ab. Der Weg hatte hier eine leichte Steigung und ich bemerkte, dass ich von den letzten Tagen noch richtig schwach war. Ich würde aber ohnehin gleich da sein.

Die Kirche war heute, wie schon beim letzten Mal geschlossen. Das Tor zum Friedhof hingegen stand weit offen. Ich wagte einen vorsichtigen Blick hinein, da ich niemanden stören oder gar zu auffällig hier herumschleichen wollte, und sah, dass ohnehin niemand da war. Links neben dem Eingang stand eine verwitterte Bank auf der ich mich erst einmal niederließ. Es war schon eigenartig. Lagen hier mehr Leute begraben als in Piercetown derzeit lebten? Fünfhundert kam mir in den Sinn. Ich musste das irgendwo gelesen oder aufgeschnappt haben. Womöglich hatte es am Ortsschild gestanden, neben dem Hinweis, der Abfall gehöre in die entsprechenden Behälter. Ich war nicht unbedingt friedhofsaffin, wenn es aber der Zufall so wollte, und es ergab sich, regte sich mein Interesse. Ich schritt dann, so wie jetzt die Reihen ab, sah mir die verwitterten Grabsteine an, las die Jahreszahlen und sponn in meiner Vorstellung die eine oder andere Geschichte. Hier hatte man keine Kriegsgefallenen aus den beiden Weltkriegen. Die Geschichte, die diese Gräber erzählten, reichte viel weiter zurück und ließ einem mehr Fantasie, vor allem wenn die Inschriften kaum mehr zu entziffern waren, wenn nur noch die nackte Naturgewalt des Gesteins und der Witterung zu einem sprach. Als ich Patrick Keenans Grab entdeckte schlug die Turmuhr. Sollte das etwas zu bedeuten haben? Ich musste innerlich schmunzeln. Vielleicht war es der falsche Ort dazu, jedoch konnte ich mir die kurze Überlegung nicht verwehren, dass Keenan sich aus dem Jenseits meldete, weil er wusste, dass seine zu Lebzeiten ihm Angetraute, etwas zu offen mit ihren weiblichen Reizen umging. Ich konnte es nicht ausschließen, was machte einen denn in solchen so sicher. Ich hatte zwar üppig gefrühstückt, jedoch durch meine drei Tage andauernde mir aufgezwungene Suppenkur, war ich schon wieder hungrig. Ich würde mir am Markt etwas kaufen. Der Stand mit Fleisch und Käse hätte sicherlich die eine oder andere Spezialität zu bieten, außerdem hatte ich ja ohnehin Hunger, da schmeckte einem bekanntlich ja alles.

Ich verließ also die letzte Ruhestätte der Piercetowner und während ich mir ausmalte, was ich denn nun gleich verspeisen würde, klopfte mir jemand von hinten auf die Schulter.

„Mister Miller!" Es war Doktor Kellschagg. Er schien für sein Alter, beziehungsweise für seine Erscheinung recht flink zu sein.

„Miller? Ah, Müller, ja. Schön sie zu sehen."

„Ganz meinerseits. Ich freue mich, dass sie schon wieder auf den Beinen sind. Sie haben sich ja gar nicht gemeldet, ich wollte sie schon besuchen."

„Ich war die letzten beiden Tage im Bett. Es ging mir nicht gut, aber es wurde besser. Heute ist der erste Tag an dem ich wieder im Freien bin. Ich habe einen Spaziergang gemacht und nun bin ich hungrig und werde mir etwas zu essen besorgen."

Er war offensichtlich ein klassischer Hausarzt alten Schlages. Abmelden, anmelden. Nun, mir ging es besser, das war die Hauptsache, aber er ließ nicht locker.

„Das freut mich, wie gesagt. Aber kommen sie mit, ich möchte sie nur kurz untersuchen um sicherzugehen, dass alles in Ordnung ist und ich sie für gesund erklären kann."

Ich wehrte ab, doch Doktor Kellschagg ließ nicht locker. Er meinte er hätte die Verantwortung und ich müsste mich an seine Anweisung halten, ginge es doch ohnehin nur um eine kurze Untersuchung und sonst nichts. Da Kellschaggs Ordination gleich um die Ecke lag, fügte ich mich also. Die paar Minuten würde ich ihm noch schenken, versicherte er mir ja auch, dass ich nicht warten müsse, sondern er gleich mit mir beginnen werde. Wir stiegen also gemeinsam die Stufen zu seiner Ordination hinauf und Doktor Kellschagg verblüffte mich eine weiteres Mal ob seiner Geschwindigkeit. Das Landleben hatte anscheinend auch seine Vorteile. Im Wartezimmer saß diesmal, zu meinem Erstaunen einen ältere Dame mit einem kleinen Kind. Beide sahen sich, sichtlich gelangweilt, ein Magazin mit landwirtschaftlichem Gerät an. Beim Eintreten von Doktor Kellschagg sprangen beide aber auf und begrüßten ihn. Danach setzten sie sich wieder und Kellschagg bot auch mir einen Platz an. Ich sagte, dass ich gleich in sein Ordinationszimmer wollte, er hatte mir ja zugesichert, dass ich nicht warten müsse.

„Natürlich kommen sie sofort an die Reihe. Lassen sie mich meinen Mantel ablegen und ihre Akte holen. Ich bin gleich soweit." Mit diesen Worten ließ ich mich also breitschlagen und Doktor Kellschagg zwinkerte seiner Ordinationsgehilfin etwas zu auffällig zu, die hinter ihrem Schreibtisch saß und in einer Illustrierten blätterte. Ich kam natürlich erst nach den beiden anderen Patienten im Warteraum an die Reihe. Sie hatten anscheinend etwas Dringlicheres am Start. Wahrscheinlich war es chronische Langeweile und sie wollten sie mit mir teilen. Ich saß also ungeduldig auf meinem Platz und hatte mittlerweile Visionen aufgrund meines unangenehmen Hungergefühls, das sich nun auch durch lautes Magenknurren akustisch bemerkbar machte. Nach dem siebten Knurren durfte ich eintreten. Doktor Kellschagg sah mich an und musste bemerkt haben, dass ich nun nicht mehr so umgänglich schien und er versuchte sich von seiner Schuld ein wenig loszusprechen, indem er mir erklärte, dass es auch dringlichere Fälle gebe und er sich auch nicht aussuchen könne wen er zuerst behandle. Nun aber wollte er mich kurz ansehen, um festzustellen, ob alles im Lot wäre.

„Es ist alles bestens", meinte ich, „bis auf das Hungergefühl. Ich würde jetzt gerne bald etwas zu mir nehmen."

„Gleich, gleich. Sie können sofort etwas essen. Das ist ja auch äußerst wichtig. Sie haben in den letzten Tagen zu wenig zu sich genommen und zu viel von sich gegeben." Doktor Kellschagg horchte mich ab, sah mir tief in die Augen und maß Puls und Blutdruck.

„Sie scheinen mir noch etwas geschwächt. Ich werde ihnen-„

„Nein, Doktor Kellschagg. Besten Dank, aber es geht mir ausgezeichnet. Ein wenig geschwächt stimmt, ein zwei Tage ein wenig Ruhe, ausgiebige Mahlzeiten und ich bin wieder ganz der Alte."

„Mister Miller. Hören sie mir einmal zu. Ich respektiere ihren Wunsch. Ich achte ihre Meinung, ich freue mich sogar über ihre Mitarbeit an ihrer Genesung; es bleibt aber nur eine MITarbeit, ich trage hier die Verantwortung und ich kann es nicht verantworten, dass sie Hals über Kopf einfach davonlaufen. Ruhen sie sich aus, essen sie zu Mittag und um vierzehn Uhr finden sie sich bitte an dieser Adresse ein. Das ist hier unsere kleine Wellnessfarm, ich würde ihnen empfehlen, den heutigen Tag und die nächsten beiden dort zu verbringen. Sie werden wieder zu Kräften kommen und danach ihren Urlaub in vollen Zügen genießen können. Keine Widerrede!"

Mit diesen Worten überreichte er mir einen Zettel auf den er eine Adresse und einen Namen gekritzelt hatte. „Doktor Kellschagg, ich möchte nirgends hin. Nicht heute und auch nicht morgen."

„Mister Miller; wie gesagt, ich trage die Verantwortung und ich schicke sie dort hin. Ich habe sie behandelt und habe diese Leistung ihrer Versicherung, die übrigens äußerst unkompliziert arbeitet, verrechnet. Ich kann nicht mitten in der Behandlung abbrechen, das würde meinen Berufsstand im Gesamten beleidigen. Melden sie sich um vierzehn Uhr dort, sie werden erwartet."

Ich war nun etwas ungehalten. Was sollte das alles, Doktor Kellschagg konnte mich zu gar nichts zwingen. Ich war ein freier Mensch, selbst hier. Also zerknüllte ich das Blatt und warf es in den nächsten Mistkübel, ich wollte nicht auch noch mit dem Gesetz in Konflikt geraten weil ich Piercetown verschmutzte.

Im Golden Loom herrschte gleicher Betrieb wie bei meinem letzten Besuch. Es war nicht überfüllt aber auch nicht leer. Ich bestellte mir Rindfleisch in Guinness. Heute schien der Koch schon länger hier zu sein, denn ich musste nicht lange warten. Und ich verschlang es regelrecht. Es schien, sobald es meinen Magen erreicht hatte, mir Kraft zu geben. Von wegen Wellnessfarm. Ich konnte mit dem Angebot hier recht gut selbst umgehen. Obwohl, die Whiskeykur wäre mir nicht eingefallen, anscheinend griff man hier auf deftigere Hausmittel als bei uns daheim zurück. Andererseits konnte ich mich noch gut daran erinnern, dass meine Großmutter selbst, bei Halsschmerzen mit Rum gegurgelt hatte; danach spürte man gar nichts mehr, aber auch keine Halsschmerzen. Zu meinem Essen trank ich zwei Pints Guinness; wie passend. Aber auch sie taten ihre Wirkung und machten mich ein wenig schläfrig. Ich würde zurück auf mein Zimmer gehen um mich für eine Stunde hinzulegen. Es war jetzt kurz vor Eins und ein wenig Schlaf würde mir sicherlich gut tun, schon auch in Hinblick auf meine Kräfte. Ich musste noch einmal an Kellschagg und seine Vehemenz denken. Er schien von seiner

Meinung stark überzeugt gewesen zu sein. Gut so, sollte er, mich würde er nie wieder sehen. Warum auch, morgen würde ich mich auf den Weg machen um endlich, endlich meinen Urlaub nicht nur antreten, sondern auch genießen zu können; es sollte anders kommen.

Pint II

Das kann ich nicht verantworten

108

Shot 7

Lautes Klopfen riss mich aus einem leichten Schlaf. Ich öffnete die Augen und sah auf meine Uhr. Es war kurz nach drei Uhr nachmittags. Ich hatte mich nach dem Mittagessen ein wenig hingelegt um am Abend fit zu sein, ich wollte mein Zimmer bezahlen und mich erkundigen wie ich am besten weiterkommen würde, dann wollte ich noch einen Schlaftrunk im Loom nehmen und mich anschließend hinlegen um am nächsten Tag früh aus den Federn zu kommen. Ich stand also auf und öffnete die Türe; um etwaige Unannehmlichkeiten schon im Keim zu ersticken, hatte ich abgeschlossen. Vor mir standen Miss Roth und Doktor Kellschagg und noch ein Mann mittleren Alters den ich noch nie in meinem Leben vorher gesehen hatte.

„Mister Miller, wo bleiben sie", begann Doktor Kellschagg mit vorwurfsvollem Ton.

„Ich bin hier, wie sie sehen können."

„Ja, das sehe ich", knurrte er. „Ich hatte ihnen doch aufgetragen sich um vierzehn Uhr bei Misses O´Malley einzufinden um eine kleine Kur zu absolvieren. Haben sie das vergessen?"

„Ich hatte gehofft es schnell zu vergessen. Doktor Kellschagg, es geht mir gut, sie haben mir wirklich geholfen mit ihrem Hausmittelchen, ich werde sie weiterempfehlen. Aber ich habe keinerlei Ambitionen mich auf eine Wellnessfarm zu begeben."

„Mister Miller, es gibt Situationen in denen es nicht darum geht, was ihnen genehm ist. Ich habe ihnen diese Einheiten verordnet, jetzt nutzen sie diese bitte. Mr O´Malley hat sich bereit erklärt, sie auf seine Farm zu bringen. Sie befindet sich ein wenig außerhalb von Piercetwon, hinter dem Green Field."

„Dem Pub?"

„Nein, dem Feld selbst." Mit diesen Worten nahm er meine Jacke, die über den einzigen Sessel im Zimmer gehängt hatte, drehte sich um und stieg die Stufen hinunter. Miss Roth sah mich mit großen Augen an. Spielte sie mit bei diesem eigenartigen Spiel oder, wusste sie nicht was sie sagen sollte? Ich wusste es ehrlich gesagt auch nicht im Moment und so folgte ich Doktor Kellschagg, mit dem Vorsatz meine Jacke zurückzuholen. Doktor Kellschagg stand vor der

Eingangstüre neben einem parkenden Pickup, es war derselbe, den ich vor ein paar Tagen vor der Kirche abgestellt gesehen hatte. Er öffnete die Beifahrertüre, warf meine Jacke hinein und sagte: "kommen sie, steigen sie ein. Sie werden sich wie neugeboren fühlen." Und zu meiner eigenen Verwunderung tat ich das auch. Ich schnallte mich an als O´Malley einstieg, zu mir herüber sah, mir zunickte und etwas murmelte, das ich nicht einmal ansatzweise verstand. Dann startete er. Der Motor sprang an und ich befand mich auf dem Weg zu meiner Kur. Methoden waren das hier. Ich musste zugeben, wenn mir mein Arzt eine Kur verordnet, würde ich sie auch nicht ausschlagen, aber hier war ich auf Urlaub. Ich mochte gut versichert sein, aber musste sich meine Zeit hier wirklich so gestalten? Ich hatte noch knapp zwei Wochen Zeit. Nun gut, ich würde das Angebot jetzt nutzen. Schaden konnte es mir ja doch nicht. Ein paar Massagen, ausgewogene Mahlzeiten, hoffentlich war mir Bier erlaubt. Über all diesen Gedanken, hatte ich vollkommen vergessen, dass ich keinerlei Kleidungsstücke und sonstige Utensilien mitgenommen hatte, die man bei einem solchen Vorhaben wohl benötigen würde.

Die Fahrt dauerte keine Viertelstunde und wir bogen um halb Vier in einen holprigen Feldweg ein, der uns direkt zur Wellnessoase O´Malley führte. Es war ein unscheinbares Gebäude, eine Farm musste es einmal gewesen sein, denn es ähnelte meiner Vorstellung einer Wellnessfarm in keiner Weise. Mr O´Malley brachte mich zum Eingang, öffnete die Tür und trat vor mir ein. Wir befanden uns in einem weitläufigen Raum, von dem links und rechts Türen in diverse andere Räume führten. Und dann kam schon Misses O´Malley. Sie hatte ein freundliches Gesicht, das über einen bestimmten, fast schon Befehlston hinwegtäuschte.

„Mr Miller. Sie kommen zu spät. Wir haben ein dichtes Programm, das nicht warten kann. Kommen sie weiter, ich habe für sie schon Kleidung vorbereitet. Sie müsste ihnen passen. Ihre Schuhgröße?"

„43", antwortete ich gehorsam. Ich fühlte mich direkt in meine Schulzeit zurückversetzt. Was würde mich hier erwarten. Wäre das alles nicht so unwirklich, hätte ich es möglicherweise mit der Angst zu tun bekommen, so war ich wie gelähmt und ließ mit mir geschehen, was das Schicksal wohl geplant hatte. Misses O´Malley führte mich in einen der Räume links von mir. Ein Tisch, ein Sessel und ein Kasten. Kein Fenster und kein Bett. Was war das hier? Auf dem Stuhl hing ein blauer Overall. Den sollte ich mir anziehen? Wozu? Aber in dem Moment nahm ich mir vor, mitzuspielen. Ich war richtig gespannt darauf, was auf mich noch alles zukommen würde. War ich hier in einem Dorf non Irren gelandet? Ich zog mich also um und sobald ich in diesem Overall steckte, stand Misses O´Malley auch schon wieder im Raum und hielt ein Paar verdreckter Gummistiefel in der Hand.

„Die müssten passen. Größe 45, aber das wird schon gehen. Ich hoffe sie tragen dicke Socken."

Das wird schon gehen. Maßarbeit wurde hier also hoch gehalten. Ich fühlte mich wie im falschen Film als ich in die Stiefel schlüpfte und anschließend Misses O´Malley folgte, durch eine Hintertür hinaus in den Hof.

„Ich werde ihnen also helfen wieder zu Kräften zu kommen. Erst einmal habe ich einige Übungen für sie vorbereitet. Es ist ein weitverbreiteter Irrtum, künstliche Übungsumgebungen erschaffen zu müssen und speziell dafür entwickelte Übungen ständig zu wiederholen, wenn sie wissen was ich meine. Früher war so etwas auch nicht notwendig. Heutzutage aber, wo alle in ihren Büros vor sich hin schimmeln, braucht es anscheinend solche Scharlatane, die ihnen das große Geld abnehmen und sie fühlen sich dabei auch noch wohl. Hier wird ihnen das nicht passieren. Sie können sich vollkommen auf mich verlassen, bei mir sind sie in den besten Händen." Mit diesen Worten drückte sie mir eine Schaufel in die Hand und führte mich zu einem Gatter, das an der Breitseite den Hof beschloss. Es befanden sich keine Tiere darin. Im Moment, denn es sah ganz so aus, als würde sich normalerweise eine ganze Herde Ziegen oder Schafe darin tummeln. Misses O´Malley öffnete das Gattertor und erklärte mir, dass ich die Stoffwechselprodukte der hier ansässigen Tiere in einem Eck aufschichten sollte. Nachdem wir auf den Hof getreten waren, hatte ich mir schon so etwas gedacht. Als es nun wirklich so weit war, fehlten mir selbst die Gedanken um darüber nachzudenken, wie ich mich artikulieren konnte; ich war nicht nur sprachlos. Was sollte das Ganze; war ich der Dorfdepp. Als hätte sie meine Gedanken gelesen sagte Misses O´Malley: "Mr Miller. Wenn sie diese Übung durchführen, halten sie sich aufrecht und bleiben sie konzentriert. Es geht hier nicht um Zeit, es geht um ihren Bewegungsapparat. Sie sollen ihre Muskeln trainieren, die Koordination und ein wenig Ausdauer, also Kondition erwerben. Es geht hier nicht darum, dass sie dieses Gatter reinigen, es geht um ihre Gesundheit. Da es heute schon etwas später ist, werden sie nach dieser Übung umgehend ein ausgewogenes und vor allem kräftigendes Abendmahl in ihrer Kammer vorfinden. Ich werde ihnen jetzt einige Minuten zusehen, ob ihre Koordinationsabläufe in Ordnung sind und sie sich nicht zu ihrem Nachteil bewegen. Fangen sie bitte an."

Und so begann ich. Ich kratzte die ganze Scheiße der Tiere vom Boden und beförderte sie in ein Eck, in dem sich im Laufe der nächsten zwei Stunden ein kleiner Fäkalienberg auftürmte. Misses O´Malley hatte mich nach wenige Minuten mir selbst und ihrem Scheißfeld überlassen. Es war eine langwierige und mühsame Arbeit. Als ich fertig war, fühlte ich mich wie erschlagen; aber eigenartigerweise auch befreit. Ich hatte mein Gehirn völlig rebooten können, wenn sie mir den Ausdruck verzeihen, und dachte somit wieder klar. Ich lehnte die Schaufel an die Hauswand und öffnete die Tür, durch die ich vorher mit Misses O´Malley auf den Hof getreten war. Ich fand mich alleine und ging auf meine Kammer zu. Ich trat ein und sah, dass mittlerweile der Tisch gedeckt worden war. Es fand sich dort ein Krug, mit Wasser stellte ich kurz darauf fest, sowie drei zugedeckte kleinere Töpfe, in denen sich die Speisen befanden. Es gab eine dick eingekochte Getreidesuppe, die etwas salzig schmeckte, im zweiten Topf eine Art Gemüseeintopf mit ein paar wenigen, dafür aber umso fetteren Fleischstücken, sowie im letzten Topf eine großzügige Menge an Kartoffeln. Ein bodenständiges Mahl, das konnte man getrost sagen. Und war es nicht genau das, was ich eigentlich gewollt hatte? Fernab jeglicher touristischer Attraktionen und verfälschtem Lokalkolorit wollte ich meine Zeit auf dieser Insel verbringen und nun hatte ich das alles. Ich konnte mich gar nicht beschweren; es war ohnehin niemand da, der meine Beschwerde entgegen nehmen hätte können. So goss ich mir also ein Glas voll Wasser und löffelte die Suppe. Ich hatte mir davon nicht allzu viel in meinen Teller getan, da ich nicht unbedingt ein Freund von Suppen war; schon gar nicht von so dicken. Außerdem, war sie, wie schon erwähnt, zu salzig für meinen Geschmack, sodass ich mich dem Eintopf mit den Kartoffeln widmete. Die Kartoffeln waren wohl mit Butter übergossen worden. Das machte sie für mich zu einer Art von Delikatesse. Es erinnerte mich, an meine Kindheit. Wir hatten das nicht wenige Male als Nachtmahl auf dem Küchentisch. Der Eintopf glich den Salzpegel der Suppe wieder aus. Er schmeckte regelrecht fade. Hunger ist der beste Koch, pflegte meine Großmutter immer zu sagen. Einen gewissen Wahrheitsgehalt konnte man dem nicht absprechen. Ich schlang ihn also notgedrungen regelrecht hinunter. Als ich mir noch einen Kartoffel auf dem Teller zerdrückte um ihn in den Rest des Eintopfs zu tunken, trat Mr O´Malley in den Raum.

„Meine Frau kocht ohne Liebe, das schmeckt man. Es wird sie aber kräftigen und nach getaner Arbeit ist solch einfache Hausmannskost das Beste. Ich bringe sie wieder heim."

Ich durfte wieder weg? Welche Gnade wurde da über mir ausgeschüttet? Andrerseits hätte ich mir auch in meiner kühnsten Vorstellung nicht denken können, wo ich in dieser Kammer denn mein Nachtlager aufgeschlagen hätte. Ich aß und zog mir meine Schuhe und meine Hose wieder an. Den Geruch wurde ich so aber nicht los. Auf der Heimfahrt sprachen O´Malley und ich kein Wort miteinander. Als ich ausstieg, wünschte er mir einen guten Schlaf und meinte, er würde mich am nächsten Tag um zehn Uhr abholen kommen. Es war jetzt kurz vor sieben und es dämmerte schon. Ich wollte noch auf ein Bier in den Loom gehen. Meine Bettschwere hatte ich zwar schon erworben, wollte aber nicht restlos kapitulieren und so ging ich nicht ins Haus, sondern eine Gasse weiter in den Golden Loom. Dort herrschte zwar jetzt etwas mehr Betrieb als um die Mittagszeit, jedoch schien es aber trotzdem auch am Abend an Flair und Stimmung zu fehlen. Ich bestellte mir ein Guinness und bekam es prompt. Es war zu schnell eingeschenkt worden, die Blume war mickrig und meine Lust hielt sich in Grenzen. Ich hätte meinen Abend viel lieber im Green Field verbracht, nach meinem letzten Besuch wollte ich mich dort aber nicht mehr zeigen. Ich trank mein Glas leer und bestellte mir ein weiteres. Anscheinend legte man hier Wert auf schnelle Bedienung und nicht auf Qualität. Ich fand mich damit ab und beschloss, sollte ich den nächsten Abend noch Lust haben, wieder ins Field zu gehen. Abgesehen vom Bier war dort auch nicht schon um acht Uhr Sperrstunde.

Ich schlief wie ein Stein. Miss Roth weckte mich kurz nach acht Uhr am Morgen. Sie klopfte leise an meine Tür, sodass ich es vorerst als Traum wahrnahm, um nach abermaligem Klopfen jedoch sachte aufzuwachen. Miss Roth fragte mich, ob alles in Ordnung sei und ich bejahte. Ich hatte Schlaf wohl dringend nötig gehabt. Die Anstrengung des gestrigen Tages war nach allem, das ich hier mittlerweile erlebt hatte, wohl das Tüpfelchen auf dem I gewesen. Das Frühstück durfte heute also wieder üppiger ausfallen. Ich hatte einen Bärenhunger und schlang die Würstchen, den Speck, den Toast mit Butter regelrecht hinunter und fragte dann noch nach Bohnen, die ich eigentlich nicht wirklich mochte. Heute aber hatte ich meine Reserven zu füllen. Ich wollte bei diesem Theater mitspielen. Es war eine so groteske Situation, sodass ich mir im Stillen dachte, eigentlich müsste ich jeden Moment aufwachen. Keine Ahnung was hier los war, mit rechten Dingen konnte es nicht zugehen, oder war es lediglich, weil diese Landeier sich mit mir einen Scherz erlaubten. Eine billige Arbeitskraft. Nach meinem herzhaften Frühstück ging ich auf mein Zimmer. Ich wollte einmal nachsehen, wie viel saubere Kleidung ich noch hatte. Wegen meines überstürzten Kurantrittes, hatte ich gestern keine Zeit mehr gefunden, mich darum zu kümmern. Ich konnte nicht die gesamten drei Wochen mit diesen wenigen Teilen auskommen. Eine Wäscherei schien es hier aber nicht zu geben. Nun, ich würde ohnehin abreisen, dann musste ich mich in der nächsten größeren Stadt um eine Wäscherei kümmern, oder ich fand etwas, das einen Waschraum hatte.

O´Malley kam kurz vor zehn. Er meinte ich solle mir eine Jacke mitnehmen, das Wetter wäre heute nicht vertrauenswürdig. Ich dachte daran, dass ich das Wetter hier noch nie als vertrauenswürdig erlebt hatte, abenteuerlustig wäre ein geeigneteres Adjektiv oder unberechenbar. Aber er mochte schon Recht haben. Der Himmel war wolkenverhangen und die Sonne schien heute arbeitsfrei zu haben. Der Pickup holperte über die Zufahrtsstraße zur Farm und ich konnte Misses O´Malley schon vor der Eingangstür warten sehen.

„Mr Miller, ich hoffe sie hatten eine ausgiebige Nachtruhe. Es ist äußerst wichtig, ausgeruht zu sein, vor allem, wenn sie sich auf dem Weg der Genesung befinden;" Alte Schabrake, dachte ich mir. Der Weg zur Genesung führt sicherlich nicht im Entferntesten an dir vorbei.

„Wir werden uns heute ihrer Atmung annehmen. Das Wetter passt herrlich, die Luft ist nicht zu trocken und außerdem ist es nicht zu heiß, das sind die idealen Voraussetzungen. Körperliche Betätigung beim Verbringen des geschnittenen Grases."

So soll es sein, dachte ich mir und folgte Misses O´Malley, die sich ins Haus begab und mich in meine Kammer führte. Ich hatte das Vergnügen, mich unter ihrer Aufsicht umziehen zu dürfen, dabei überlegte ich, ob ich meine Jacke wieder überziehen sollte, entschied mich dann aber dagegen. Bei der Arbeit würde mir ohnehin nicht kalt werden und eine verdreckte Jacke, ohne Aussicht auf Reinigung, würde ich bei meiner Weiterfahrt auch nicht gebrauchen können. Misses O´Malley zeigte mir den Ort meines Wirkens. In einem Nebengebäude würde ich Heuballen stemmen dürfen. Fein, vielleicht würde ich einige überschüssige Fettreserven dabei abbauen.

„Und bitte vergessen sie nicht, bei Anstrengung lassen sie ihr Kreuz gerade, heben sie nur aus den Knien und vermeiden sie Drehbewegungen mit schwerer Last."

Ich nickte. Werde ich mir merken, klar. Sie ging und überließ mich meinem Schicksal. Ich begann also, die anscheinend frisch gelieferten Ballen in dem dafür vorgesehenen Eck zu stapeln. Freundlicherweise durfte ich mich der Heugabel bedienen. Ich war, verständlicherweise mit dieser Art von körperlicher Ertüchtigung nicht vertraut, darf nun aber, meiner bescheidenen Meinung nach, mit Fug und Recht behaupten, dass ich eine gute Figur dabei machte; zumindest gute Miene zum bösen Spiel. Wie immer, wenn man bei der Sache ist, also beschäftigt, vergeht die Zeit im nu. Alle Ballen waren an mir vorübergezogen und als ich den letzten abgelegt hatte, hörte ich hinter mir schon Misses O´Malley´s Stimme, die mich lobte und mir verlautbarte, dass mein Mittagsmal bereit stünde. Wie schon am Vorabend, standen Töpfe und Teller schon wartend auf dem Tisch in meiner spartanischen Übergangsresidenz. Ich hob die Deckel an und fand, entweder die Reste vom Vortag oder frischen Eintopf. Die Suppe war eine andere, genau so wenig durchsichtig jedoch salztechnisch etwas ausgewogener. Das Getränk im bunten Glaskrug war zu meiner ehrlichen Verwunderung, Apfelwein, der aromatisch und ausgesprochen köstlich schmeckte. Hatte also auch seine gute Seite das Ganze. Mein Hunger war nicht allzu groß und so aß ich gemächlich und nicht zu viel. Sollte das meine Aufbaunahrung sein? Die Antwort konnte ich mir nicht mehr überlegen. Misses O´Malley stand wieder in der Tür und berichtete voller Freude, was nun am Nachmittagsprogramm stand.

„Ein Verdauungsspaziergang. Es gibt nichts Besseres nach einer Mahlzeit, der Körper nimmt die wichtigen Stoffe auf und setzt nicht so stark Fett an, außerdem durchlüften sie ihre Lunge, vor allem heute ist das sehr zu ihrem Vorteil. Kommen sie."

Mit diesen Worten dreht sie sich um und erwartete wohl, dass ich ihr folgte. Sie führte mich wieder auf den Hof, wo Mister O´Malley schon wartete. Er stand da, in seinem Arbeitsoverall mit jeweils einem Holzrechen in den Händen. Natürlich gab es hier auch eine zweite Seite der Medaille. Wir würden etwa eine halbe Stunde lang querfeldein unterwegs sein bis wir an einem kleinen Hügel ankommen würden. Dort würde dann das Nachmittagsprogramm stattfinden. Das frische Heu zusammenrechen. Auf dem Hinweg bereute ich schon, meine Jacke nicht mitgenommen zu haben, denn es hatte mittlerweile ein kühler Wind zu wehen begonnen. Die bevorstehende Arbeit war, im Vergleich zu der am Vormittag leichter aber auch langwieriger. Es war ein wenig anspruchslos den Hügel hin und her zu laufen und die letzten trockenen Grashalme zu Haufen aufzutürmen. Um die Monotonie der Situation aufzulockern war Mr O´Malley auch keine große Hilfe. Unsere Wortwechsel waren seinerseits einsilbig. Schön, dass er ja und nein, sinngemäß einsetzen konnte. Nachdem wir etwa ein Stunde Grashalme geschlichtet hatten, begannen die Wolken, langsam aber sicher, sich ihrer Last zu entledigen. Ich konnte es ihnen nicht verübeln, musst es dort oben ja wettertechnisch noch ungemütlicher als hier unten zu sein. Da ist jede Veränderung eine willkommene. Für O´Malley und mich bedeutete das im Gegenzug, dass, beginnend mit einem leichten Nieseln, welches wir noch lachend wegsteckten, sich die Situation von Minute zu Minute verschlechterte. Es schüttete mittlerweile wie aus Kübeln und es war weit und breit nichts, aber auch gar nichts, das uns etwas Schutz bieten würde. O´Malley sah mich an und sagte: „wir werden gehen, das hat keinen Sinn hier im Nassen. Es muss trocknen bevor wir es einholen können. Gehen wir." Ich fand es herzerwärmend, dass er sich auf sein wertvolles, geschnittenes und mittlerweile nicht mehr allzu trockenes Gras bezog. Die Fluten rannen mir über mein Gesicht und mittlerweile musste ich Schwimmhäute in meinen Stiefeln entwickelt haben. Bei jedem Schritt kämpfte ich mit meinen Zehen gegen die Wassermassen, die sich in den viel zu großen Stiefeln angesammelt hatten und, dass meine Kleidung bis zur Arschfalte durchnässt war verstand sich von selbst. Der Rückweg erschien mir um einiges länger obwohl wir ihn in der halben Zeit zurücklegten. Misses O´Malley erwartete uns schon an der Hintertür. Mir schien, als läge sie den ganzen Tag auf der Lauer. Ich musste sofort aus meinem nassen Leihoverall heraus. In meiner Kammer warf ich die durchtränkten Kleidungsstücke auf den Boden, zog meine trockene Hose und meine Jacke an.

Die Socken, meine nasse Unterwäsche sowie mein Shirt packte ich zusammen und ging zu den O´Malleys.

„Bringen sie mich heim. Mir reicht dieses Theater jetzt. Besten Dank für ihre Bemühungen, ich checke aus." Möglicherweise war der Ton, der hier mitschwang nicht zu überhören. Misses O´Malley sagte ausnahmsweise einmal nichts und Mister O´Malley, hatte im Gegenzug seinen Wortschatz ein wenig erweitert. „Ja, kommen sie, ich fahr sie." Er hatte sich mittlerweile seiner nassen Arbeitskleidung entledigt und trug Jeans und einen selbstgestrickten Pullover, wahrscheinlich ein Weihnachtsgeschenk seiner Gattin. Ich würde darüber nicht mehr nachdenken wollen. Dieser Wahnsinn war nun auch etwas zu viel für mich geworden. Von der Groteske zum Drama. Ich musste jetzt erst einmal unter die Dusche. Ich musste optisch wohl nicht allzu ansprechend bei meiner Ankunft gewesen sein, den Miss Roth´s Blick sprach mehr als tausend Worte. Ich wollte nur ins Bad, mich aufwärmen, denn es hatte mich einige Male in O´Malleys Pickup geschüttelt.

Nach wohl einer halben Stunde im Wasserdampf drehte ich den heißen Strahl ab und stieg aus der

Brausetasse. Der Vorteil des kleinen Raums kam nun vollkommen zur Geltung. Es war angenehm warm. Das heiße Wasser hatte hier wohl dampftechnisch den Raum erwärmt. Ich hatte mir eine meiner letzten Garnituren frischer Wäsche bereit gelegt, kleidete mich damit an und zog mich in mein Zimmer zurück. Ich schnappte mir das einzige Buch das ich mir für meine Reise eingepackt hatte und schlug es auf. Es war Thoreaus Ungehorsam gegenüber dem Staat, das ich als junger Mann zum ersten Mal gelesen hatte. In meiner politischen Zeit, könnte man sagen. Ich las den Abschnitt über die Unterhaltszahlungen für den Pfarrer und stellte mir vor was es für mich wohl bedeuten könnte. Das Ergebnis war eher dürftig, was hatten die Gedanken und Überlegungen von anderen schon mit mir zu tun. Was mir aber auffiel war, dass mir nun gar nicht mehr kalt war. Es ging mittlerweile auf fünf Uhr und ein leichtes Hungergefühl machte sich bemerkbar. Heute würde mein kulinarisches Aufbauprogramm wohl ausfallen müssen, was es gegeben hätte, konnte ich mir mittlerweile vorstellen. Ich würde wieder ins Field gehen. Es regnete zwar noch ein wenig, doch mit meiner Jacke würde ich den nicht all zu weiten Weg ohne gröberen Schaden überstehen.

Das Field war gut gefüllt. Rauchschwaden hingen im Raum und die sogenannte geschlossene Gesellschaft schien bester Laune zu sein. Die ausgelassene Stimmung hier war ansteckend und ich fühlte mich umgehend besser. Geplant hatte ich zwar einen nicht allzu langen Aufenthalt um, quasi prophylaktisch auf meine Gesundheit zu achten jedoch ging es mir jetzt wieder besser. Ich ging zur Bar, bestellte mir ein Ale und dieses wunderbare Irish stew. Das Bier nahm ich mit zu meinem Tisch, dem mittlerweile einzig freien, um zu bemerken, dass ich mich neben meine beiden jungen Freunde vom letzten Mal gesetzt hatte. Sie begrüßten mich sogleich und hielten ihre Gläser in die Höhe.

„Slainté"

Ich erwiderte und nahm einen großen Schluck. Beim letzten Mal war es mir auch schon aufgefallen, doch diesmal konnte es nicht an meinem verdorbenen Magen liegen. Das Ale schmeckte überhaupt nicht so wie bei meinem ersten Besuch. Meine beiden Sitznachbarn bemerkten meinen Gesichtsausdruck und rückten näher zu mir.

„Das Ale können sie wahrscheinlich morgen erst wieder trinken."

„Was?"

„Na morgen erst wieder. Jetzt ist das falsche Fass dran."

„Das falsche Fass? Mir scheint eher, dass es schon schal ist."

„Nein, das ist eines vom Üblichen. Ab morgen gibt es wieder eine Reihe guter Fässer."

„Ich muss gestehen, ich verstehe kein Wort, nur dieses Bier, ist keines das man trinken kann. Es muss kaputt sein, denn als ich das erste Mal hier war, schmeckte es ausgezeichnet."

„Hören sie, es ist so. Ich bin übrigens Mark Fitzpatrick, das ist James O´Donnel."

„Freut mich, wir kennen uns nun ohnehin schon eine Weile. Was hat es mit dem Bier also auf sich?" Ich kramte in meiner Jack, die ich neben meinem Sitzplatz auf die Bank gelegt hatte, weil ich mittlerweile das Verlangen nach Zigaretten hatte, und die Packung, die ich mir beim Automaten heruntergedrückt hatte, immer noch in meiner Jacke sein musste. Ich fand sie und bot beiden eine Zigarette an, die sie auch ohne Umschweife nahmen. Sie zündeten sie auch gleich an und gaben mir Feuer als ich mir selbst eine in den Mund steckte.

„Man kann vom Green Field nicht behaupten, dass es ein Pub mit Stil ist. Eher eine Spelunke in der gesoffen und geraucht wird. Das Publikum ist so bodenständig wie es nur sein kann und der Witz der hier vorherrscht ist eher von derber Natur. Sagen wir, das Bier, das hier ausgeschenkt wird, ist nicht unbedingt das, das Richard Paisley offiziell geliefert bekommt. Des Öfteren ergeben sich auch kleine Nebengeschäfte, bei denen er auch schon eine Ladung Fässer zu einem besseren Einkaufspreis, als dem offiziellen Listenpreis bekommt. Sie können hier meistens Guinness, Murphy´s oder auch Kilkenny trinken zum Preis von diversen billigen Schankbieren."

„So ist das also, deshalb auch keine Kennzeichnung auf den Zapfhähnen."

„Möglich, ja. Ein Gewinn für alle, wenn man es weiß. Heute hat er eines seiner gekauften Fässer am Hahn hängen, wenn das leer ist, kommt ein anderes an die Reihe, eines von den guten. Schauen sie sich um, alle trinken heute Abend Stout."

Ich sah mich um und machte in allen Gläsern die ich reihum sah, das tiefschwarze Getränk aus. Niemand hatte helles Bier in seinem Pint.

„Und das ist legal?"

„Meistens. Wie gesagt, oftmals kommen die Fässer von Pubs die zu viel bestellt haben und die Fässer nicht mehr zurückgeben können oder von Schließungen. Manchmal fallen sie von den Transportlastern."

„Vor allem wenn sie in der Nacht auf unbewachten Parkplätzen stehen", trug nun kichernd James O´Donnel auch etwas zum Gespräch bei.

Mein Stew kam. Fitzpatrick und O´Donnel nickten mir zu und vertieften sich wieder in ihr Gespräch und ich widmete mich dem heißen, scharfem Lammeintopf. Es war eine Köstlichkeit; so simpel zuzubereiten und doch eine Offenbarung. Die Schärfe tat mir gut jedoch begann meine Nase ein wenig zu laufen und ich musste niesen. Der Pfeffer tat wohl seine Wirkung. Das Stew war schnell gegessen und somit war der Weg frei für ein paar Stouts. Das Ale war für heute gestrichen, ich würde das nächste in einer anderen Stadt trinken. Fitzpatrick und O´Donnel erzählten mir noch einige Geschichten über

Piercetown. Wenn sie nicht wahr waren, waren sie zumindest gut erfunden. Der Ort war angeblich von Schmugglern gegründet worden, die einen Platz zum Rückzug benötigten, der nicht unmittelbar an der Küste lag. Die Geschäftsgebarungen von Richard Paisley standen also voll in dieser Tradition. Nach vier Pints machte ich mich auf den Heimweg. Es hatte mittlerweile zu regnen aufgehört und ich schritt die finsteren Gassen entlang. Ein ereignisreicher Tag neigte sich seinem wohlverdienten Ende zu. Meine Nase lief noch immer ein wenig, ich zog hoch und musste niesen. Dann bog ich in meine Gasse ein und suchte nach dem Schlüssel um aufzuschließen; die Tür war wie üblich nicht versperrt. Misses Roth schien schon zu Bett gegangen zu sein oder sie war nicht da. Es brannte nirgends Licht und es war totstill. Ich ließ mich in mein Bett fallen und schlief kurz darauf ein. Am nächsten Tag erwachte ich mit 39, 6 °C Fieber.

Shot 8

Mein Schädel tat mir weh, ich schwitzte wie verrückt und mein Hals war ausgetrocknet und schmerzte. Ich hatte tief und fest geschlafen, war aber immer wieder munter geworden dazwischen, nur um festzustellen, dass ich es nicht sein wollte. Ich hatte Albträume gehabt und war im Halbschlaf durch die eigenartigsten Situationen, die mein Gehirn zu produzieren in der Lage gewesen war, geschlittert. Ich zwang mich aufzustehen und ins Bad zu gehen. Nachdem ich mein allmorgendliches Geschäft verrichtet hatte, schleppte ich mich zurück ins Bett, drehte mich um und versuchte einzuschlafen um den Großteil meines Leidens nicht mitzubekommen. Ein lautes Klopfen riss mich wieder aus dem Schlaf. Es war zehn Uhr. Ich raffte mich auf und öffnete. Draußen stand O´Malley. „Ich bin krank", sagte ich, warf die Tür zu und drehte den Schlüssel herum. Das Klopfen begann von neuem und schien nicht aufhören zu wollen. Ich krächzte ein schrilles „verpissen sie sich mit ihrer Kur, ich machs mir selbst" und steckte meinen Kopf unter den Polster. Gedämpft vernahm ich das nichtaufhören wollende Klopfen weiter, bis es schlagartig endete. In meinem Schädel schien ein Kindergeburtstag veranstaltet zu werden. Ich versuchte weiter zu dösen, bis es abermals klopfte, das aber weniger dramatisch und vor allem weniger laut.

„Mister Miller, brauchen sie etwas?" Es war Sheila Roth. Sie wollte wissen wie es mir ginge und ob sie etwas für mich tun könnte. Ich öffnete die Türe einen Spalt und lugte durch. Sie war alleine und hielt ein Tablett mit einer Kanne Tee und einem Suppenteller in Händen. Darin war sie ja mittlerweile geübt. Ich bedankte mich und stellte alles auf den Tisch. Ich begann die Suppe zu löffeln, als es an der Haustür zu klingeln schien. Miss Roth sagte, sie müsse nachsehen und verließ mein Zimmer. Kurz darauf öffnete sie wieder die Türe und hatte Doktor Kellschagg im Schlepptau.

„Mister Miller, ich habe gehört sie seien krank. Was fehlt ihnen denn, heute ist doch der dritte Tag ihrer Kur."

„Ach, lassen sie mich doch in Ruhe mit dieser Kur. Lassen mich als ihren Dienstboten schuften und das Ganze auch noch ohne Bezahlung. So etwas gibts doch gar nicht. Hätte ich es nicht selbst erlebt, ich würde es nicht glauben."

„Mister Miller, ich verstehe, sie fühlen sich nicht wohl und, dass sie von der Kur nicht angetan sind, gut, es mag nicht ihren Geschmack getroffen haben."

„Meinen Geschmack? Sind sie verrückt? Ich bin zwei Tage dort und danach wieder krank."

„Sie haben anscheinend eine zu schwache Konstitution, sonst würden sie ja nicht andauernd krank sein."

„Was ist denn das für ein Blödsinn? Lassen mich jetzt endlich in Frieden und gehen sie. Ich bin ein freier Mensch und kann zum Arzt gehen, wenn ich will und wann ich will. Und jetzt möchte ich Ruhe, mich ausschlafen und wenn ich auf den Beinen bin, werde ich abhauen von hier."

„Können sie ja, können sie ja. Lassen sie mich nur ihren Puls fühlen und nachsehen ob alles im grünen Bereich ist. Dann gehe ich umgehend. Ich kann ja nicht verantworten, sie einfach so hierzulassen, ohne zumindest mich zu versichern, dass sie alleine hier bleiben können."

Doktor Kellschagg kam auf mich zu, stellte seine Tasche direkt neben das Tablett auf den Tisch und öffnete sie. Dann nahm er ein Stethoskop heraus, steckte die dafür vorgesehenen Enden ins Ohr und sah mich auffordernd an. Ich seufzte und zog mein T-Shirt aus. Kellschagg tat, was Ärzte in solch einer Situation immer taten und hörte mich ab. Danach zog er ein Fieber Thermometer aus seiner Tasche und gab es mir. Artig steckte ich es unter meine linke Achsel. Dann warteten wir beide. Das Ergebnis war zu erwarten gewesen. Fieber, 38,6°.

„Mister Miller, ich würde ihnen empfehlen das Bett zu hüten. Trinken sie Tee und heißen Whiskey, das hilft ihnen bestimmt. Ansonsten, wie gesagt, schwitzen und Ruhe. Bleiben sie im Haus und vermeiden sie Anstrengungen, dann sind sie kurz über lang wieder auf den Beinen. Sheila, haben sie Whiskey im Haus?"

Miss Roth nickte.

„Gut, sie wissen ohnehin Bescheid. Als Mahlzeit würde ich Suppen oder leichtverdauliche Speisen wie etwa Püree empfehlen. Und Mister Miller, würden sie hier bitte noch unterschreiben, sie wissen ja, die Versicherung, möchte alles ganz genau wissen."

Er legte mir ein Blatt hin, auf dem er die erste Zeile einer Tabelle ausgefüllt hatte. Hausbesuch und das heutige Datum. Ich unterschrieb die letzte Zeile und gab es ihm zurück. Er sagte „Danke!" und ging. Miss Roth folgte ihm und schloss hinter ihnen beiden die Tür. Gott sei Dank, er war weg. Den wollte ich nie wieder sehen, der hatte mir das alles eingebrockt. Ich löffelte meine Suppe zu Ende und verzog mich wieder ins Bett.

O´Donnel hatte mir am Vorabend erzählt, dass Doktor Kellschagg einen regen Handel mit ärztlichen Attesten trieb. Nichts dramatisches, ein kleiner Gefallen hier, ein etwas größerer da. Für Piercetown war das nichts Besonderes. Hier lebten die meisten anscheinend von Nichts oder Geschäften am Rande der Legalität. Und man konnte es ihnen auch nicht verübeln. Einerseits gab es die Tradition, die immer noch Auswirkungen in die Gegenwart zu haben schien, andererseits gab es hier ansonsten ja nichts, mit dem man seinen Lebensunterhalt bestreiten konnte. Seit vielen Jahren wanderten die Jungen in die größeren Städte ab und die Alten blieben über, bekamen ihre Rente und verlebten die letzten Jahre ihres Lebens in derselben Langweile, die die Jungen Flüchten ließ. Die Jobs waren knapp, wenn es sie überhaupt gab und das

Leben am Lande, vor allem in dieser Einöde, bot für die Heranwachsenden keinen Ausblick in eine lebenswerte Zukunft. Apfelfeste waren keine ersehnenswerte Unterhaltung für Heranwachsende in Piercetown. Die medizinische Versorgung ließ auch zu wünschen übrig. Ein Arzt der ungewollte Hausbesuche tätigte und einem im Nacken saß. Ich fragte mich, ob es für die Bewohner von Piercetown auch solche Kurangebote gab? Ich glaubte nicht und schlief ein.

Es war mir, als hätte ich die Tür gehört, doch niemand war da. Ich setzte mich auf und bemerkte, dass mein Teller weggeräumt worden war und anstatt des Tees stand nun eine silberne Thermoskanne auf meinem Tisch. Daneben war ein Glas mit einer leicht bernsteinfarbenen Flüssigkeit in dem drei Nelken schwammen. Ich stand leicht wankend auf, ging zum Tisch, nahm das Glas in die Hand, roch erst einmal daran und nippte davon. Es war leicht süß, heiß und schmeckte nach Whiskey mit Nelken und ein wenig Zitrone. Ich trank es in wenigen Schlucken aus und fühlte mich schlagartig besser. Ein wahrlicher Wundertrunk. Ich ging zum Fenster und blickte auf die Gasse. Es war gerade noch hell. Ich spürte ein wenig den Whiskey auf meinen leeren Magen und machte mich auf den Weg ins Badezimmer. Mein

Terminkalender sah erst einmal eine längere Sitzung vor, um im Anschluss daran, mich unter die Dusche zu stellen. Danach kleidete ich mich an und ging langsam die Treppe hinunter, ich wollte im Golden Loom noch eine kleine Mahlzeit einnehmen, um mich danach wieder hinzulegen. Ich fühlte mich nicht mehr so erschlagen und krank wie am Morgen. Anscheinend hatte mir der Tag Schlaf und dieses heiße Whiskeygebräu gut getan. Vorbei an der Küche sah ich Miss Roth als sie sich gerade Kaffee eingoss. Sie blickte mich ziemlich strahlend an und fragte, wie es mir gehe und ob ich etwas frühstücken wollte.

Frühstück? Ich hatte wohl den ganzen Tag und die ganze Nacht im Bett verbracht. Deswegen fühlte ich mich auch merklich besser. Also würde ich erst einmal mein übliches Frühstück einnehmen und mich dann wieder ein wenig ausruhen. Ich wollte nichts riskieren und legte mich nach eingenommener Mahlzeit wieder ins Bett. Miss Roth brachte mir im Laufe des Tages noch öfters diesen wunderbaren Whiskeytrunk und ihre Suppe. Ich musste an meine Frau denken. Wenn sie nun daheim alleine den Laden am Laufen halten musste, hatte sie es wahrscheinlich etwas leichter, als wäre ich auch noch zu betreuen. Zwei Alphatiere waren gut im Kräftemessen, gut im Umschiffen schwieriger Situationen, konnten sich fordern und wuchsen gegenseitig übereinander hinaus. Gab es keine Probleme zu lösen, suchten sie sich welche oder erschufen künstliche. Die Reibungsfläche war groß genug und erfreute sich reger Benutzung. Jetzt konnte sie sich ein wenig regenerieren. Hoffentlich machte sich Karin nicht unnötig Sorgen. Ich hatte mich seit mehr als einer Woche nicht mehr bei ihr gemeldet. So lange waren wir noch nie getrennt gewesen. Nun, es wurde ohnehin Zeit dafür. In wenigen Wochen wären wir wieder vereint. Bis dahin würde ich meine Leiden wohl auskuriert haben, dachte ich zynisch in mich hinein.

Shot 9

Als ich drei Tage später, frühmorgens unter der Dusche stand ging es mir wieder ausgezeichnet. Dieses irische Hausmittel schien einfach immer zu wirken. Ich hatte geschwitzt und die Tage verschlafen, hatte ein wenig gelesen und war wieder eingeschlafen. Die Kraft des Whiskeys hatte mich stark genug gemacht, meine Verkühlung zu besiegen und der Alkohol darin hatte mich ruhen lassen. Sheila Roth hatte sich um mich gekümmert, indem sie mir Suppe kochte und mir, in immer knapper werdender Kleidung, heiße Gläser mit Whiskey servierte. Ich hatte den Eindruck, dass sie versuchte mich zu reizen. Aber ich blieb standhaft, zwar nicht auf die Art und Weise, wie sie es wohl gerne gehabt hätte, aber so wie es mir kein schlechtes Gewissen bescherte. Es bescherte mir auch kein schlechtes Gewissen zuzusehen, wie sie jetzt das Badezimmer betrat, bekleidet mit nur einem seidenen Bademantel, den sie umgehend ablegte, sich umdrehte und den Duschvorhang zur Seite schob, um mit großen Augen die Überraschte zu spielen. Sie stand vor mir, nackt wie sie sich mir hatte zeigen wollen und es war als würde die Zeit still stehen. Nicht aber weil sie so umwerfend aussah, obwohl sie es tatsächlich tat, nein, ich wollte ihr die Möglichkeit zum ersten Wort geben, diese Peinlichkeit noch früh genug zu beenden. Und peinlich war nicht, dass wir zwei hier uns nackt gegenüber standen, ich mit eingeseiftem Haar und sie, so glatt wie möglich, sondern, die ausgesprochen plumpe Anmache. Möglicherweise hatte sie verlernt, wie man solche Situationen gestaltete, vorausgesetzt sie hatte es je gekonnt. Nur das Wasser, das aus der Brause auf mich und dann auf den Boden der Tasse lief, war zu hören. Ich beendete diese, allmählich sich zur Lächerlichkeit auswachsende Situation indem ich einfach „besetzt" sagte, mich umdrehte und mit der Reinigung meines Körpers fortfuhr. Sie sah mich an, stammelte, „ja, Entschuldigung" und ging nackt aus dem Bad, den seidenen Bademantel zurücklassend. Auch wenn ich mich schon selbst in die eine oder andere peinliche Situation gebracht hatte, das hier übertraf alles. Andrerseits war es eine Anekdote, die ich in lustiger Runde erzählen würde können. Es hatte letztendlich alles seinen Nutzen, den man daraus ziehen konnte. Ich stieg aus der Dusche und griff nach meinem Badetuch, trocknete mich ab und zog mich an. Ich hatte die Angewohnheit, meine Kleidung immer mit ins Badezimmer zu nehmen. Ich wollte nicht, umwickelt mit einem Badetuch herumlaufen, den Bademantel trug ich ohnehin nur nach dem Aufstehen. Und hier war ich ohnehin auf Urlaub und alles war ganz anders.

Ich stieg also die Treppe, wie schon so oft seit meiner Ankunft, hinunter und gesellte mich in den kleinen Frühstücksraum. Der Tisch war reichlich gedeckt, wie ich es gewohnt war, Würstchen waren da, warmer Toast, Butter, Marmelade, Kaffee und eine Pfanne mit Ei, Speck und Paradeisern. Nur Miss Roth fehlte. Ich hörte sie nicht in der Küche klappern, sie hatte mich auch nicht gefragt ob ich irgendwelche Sonderwünsche hätte; also, wo war sie? Wahrscheinlich hatte sie die Zeit genutzt in der ich mich angekleidet hatte, das Frühstück zu richten, und war dann gleich weggegangen. Nun, allen Grund hatte sie ja. Vielleicht verhielt ich mich ja wie ein Arsch, aber es amüsierte mich ein wenig. Andrerseits, war ich ja lediglich ein Notnagel, ein Zufall, der des Weges gekommen war. Ich ließ mir mein üppiges Frühstück schmecken. Unter normalen Umständen hätte ich es wohl restlos verputzt, jetzt, nach all den krankheitsbedingten Tagen der Entbehrung, hatte sich mein Magen den Umständen angepasst und war nicht mehr so aufnahmefähig wie davor. Ich ließ die Hälfte des Specks und ein Würstchen übrig, so hatte sie wenigstens ein Andenken an mich, dachte ich mir sarkastisch. In meinem Zimmer holte ich meine Geldbörse hervor um nachzusehen, wie viel ich noch einstecken hatte. Es waren knapp Hundertzwanzig Euro. Damit würde ich mein Quartier für die letzte Woche nicht bezahlen können, geschweige denn einen Fahrschein für Autobus oder Eisenbahn. Ich brauchte also dringend einen Bankomaten. Ich hatte in Piercetown keinen gesehen, gab es hier überhaupt einen, oder war der nächste in einer der umliegenden größeren Orte oder gar erst in der nächstgelegenen Stadt. Am Fährhafen hatte es einen gegeben, der war aber nicht um die Ecke. Das hieß, es musste mich jemand hinbringen. Dort konnte ich mich auch erkundigen, wie ich von hier wegkam und wohin es am einfachsten war, zu kommen. Meine Stunden hier waren gezählt. Piercetown hatte sich lange genug glücklich schätzen dürfen mich zu seinen Einwohnern zu zählen. Ich hatte die Gastfreundschaft lange genug genossen, ich musste weiter. Mir blieben keine zwei Wochen mehr, die ich nun ausschließlich für mich beanspruchen wollte. Kein überalterter Landarzt konnte mich nun zu obskuren Kuren mehr schicken.

Ich stand am Platz vor der Kirche und sah, dass hier dreimal täglich ein Bus hielt. Den am Morgen hatte ich versäumt und der nächste würde zwei Stunden auf sich warten lassen. Ich entschloss mich zu einem Fußmarsch. Just als ich mich in Bewegung setzen wollte, hörte ich hinter mir laut meinen Namen rufen.

„Mister Miller!" Es war Keenan. Was wollte der denn von mir?

„Mister Miller, geht es ihnen schon besser. Ich habe von ihrem Pech gehört, ein wenig peinlich, nicht?"

„Pech, ja, aber peinlich? Warum peinlich, verkühlt eben, kommt vor."

Er lachte lauthals und der Schweiß seiner Zunge traf mich mitten ins Gesicht. „Nein, ich meine nicht ihre Krankheit. Sie haben den Tisch im Field angekotzt, vor Publikum; also mir wäre so etwas peinlich." Und er lachte wieder.

Das war es also. Schön, Tagesgespräch zu sein, ging es mir durch den Kopf. Hoffentlich erstickte er an seinem Lachen, doch meine guten Wünsche blieben leider nur solche.

„Wohin wollen sie?"

„Ich möchte nach Rosslare, dort gibt es einen Geldautomaten, ich brauche etwas Bargeld, sonst kann ich ihre Schwägerin nicht bezahlen und weiterfahren."

„Aha, daher weht der Wind also, sie wollen uns verlassen, gefällt es ihnen nicht mehr hier bei uns?"

„Nun, ich möchte mehr sehen. Sie wissen ja, ich möchte noch ein wenig ins Landesinnere."

„Ach ja, gut, gut. Aber bevor sie uns verlassen, Doktor Kellschagg möchte sie nochmal sprechen."

„Doktor Kellschagg? Sagen sie ihm, ich bedanke mich für seine Hilfe aber ich habe jetzt wirklich keine Zeit mehr. Und außerdem geht es mir ohnehin wieder bestens."

„Sie sehen aber so blass aus. Vielleicht brauchen sie etwas zum Kraft tanken. Meine Schwester hat da-„

Ich winkte ab. Waren hier denn alle verrückt? Wer glaubten die, dass ich wäre. Ein Depp den man ausnehmen konnte? Hier war wohl jeder irgendetwas oder kannte jemanden, der etwas vorzugeben schien.

„Danke, kein Bedarf. Ich werde das Land und ein wenig die Ruhe genießen, das wirkt Wunder, glauben sie mir."

„Aber der Doktor meint, dass sie noch einen Tag Kur genießen sollten."

„Ich muss nach Rosslare, Geld holen."

„Ich bring sie hin, sie sehen doch, vielleicht beginnt es wieder zu regnen. Jetzt wo es ihnen besser geht, wollen wir das nicht riskieren."

Er ließ nicht locker. Allmählich wurde das ganze Spiel hier unheimlich. Andrerseits würde ich viel Zeit sparen, wenn er mich hinbringen würde, ich hatte ohnehin schon zu viel davon verloren.

Wir stiegen also in Keenans Toyota, ich schnallte mich an und er startete. Er brauste drauf los bremste ab bei der nächste Gelegenheit und wendete. Was hatte er jetzt wieder vor. Wir fuhren wieder an der Kirche vorbei und passierten ein paar Quergassen um letztendlich in jene Gasse abzubiegen, in der sich Doktor Kellschaggs Ordination befand.

„Sind sie verrückt geworden? Das grenzt ja an Entführung. Lassen sie mich hinaus." Ich öffnete meinen Gurt, die Tür und sprang hinaus. Direkt vor die Beine von Kellschagg.

„Wieder fit, wie man sieht."

„Ja, fit." Sagte ich trotzig.

„Kommen sie mit."

„Ich komme nicht mit. Ich habe andere Pläne."

„Ach kommen sie. Sie müssen ihre Abwehrkräfte stärken, sonst bekommen sie mir nichts, dir nichts einen Rückfall. Wollen sie das? Ich dachte sie hätten hier noch viel vor."

„Im Moment sind sie mein Rückfall." Ich drehte mich um, wollte gehen, doch hinter mir stand Keenan und versperrte mir auf subtile Art und Weise den Weg.

„Kommen sie, steigen sie ein. Es dauert nicht lange, sie sind zum Mittagessen zurück. Es ist gut für sie."

„Ich bringe sie dann persönlich nach Rosslare", sagte Keenan.

„Das haben sie mir vorhin eben auch gesagt, dass sie mich nach Rosslare bringen."

Es war eine äußerst eigenartige Situation. Was war das hier für eine verschworene Gesellschaft? Keenan öffnete die Hintertür und ließ mich einsteigen. Ich machte gute Miene zum bösen Spiel und ließ mich mitnehmen. Diesmal fuhren wir die Gasse in der Doktor Kellschaggs Praxis lag, bis sie in einem Feldweg endete, entlang. Dort Bogen wir rechts ab und fuhren etwa zehn Minuten, bis wir zu einem großen, offenstehenden Hoftor kamen. Wir fuhren hindurch und fanden uns vor einem halb verfallenen Gebäude wieder. Davor saßen drei ältere Frauen, die Fische schuppten. Keenan zeigte auf die linke und sagte: "meine Schwester, ich hatte es ihnen ja gesagt."

Wir stiegen alle aus. Die drei Fischindustriellen sahen zwar auf, unterbrachen ihr Werk aber nicht. Doktor Kellschag zog seinen Hut und sprach Keenans Schwester an: „Mister Miller kommt zur Kneipptherapie."

„Gut, wir haben schon auf sie gewartet. Sie haben sich aber Zeit gelassen." Keenans Schwester legte nun ihren Fisch beiseite, wischte sich die Hände in ein Tuch und stand auf. „Kommen sie", sagte sie und führte mich, an den zukünftigen Ruinen vorbei, an die Rückseite des Gebäudes. Hinter dem Areal schien sich ein fließendes

Gewässer zu befinden. Es war zwar nicht zu sehen, viele wildwachsende Büsche und Hecken versperrten die Sicht, doch aber deutlich zu hören. Vor den Hecken aber waren, etwa zimmergroße Wannen aus Stein in den Boden eingelassen, die, auf der offenen Seite mit einem engmaschigen Gitter verschlossen waren, durch das einerseits Wasser herein, andererseits aber keiner der Fische aus dem Becken hinaus konnte.

„Mister Miller. Kennen sie Kneipp?"

„Ja, ich kenne Kneipp. Kannten sie ihn auch?"

„Mister Miller, immer zu Scherzen aufgelegt. Nicht persönlich. Aber sie wissen worauf er seine Wissenschaft gründete?"

„Ja, auf Wasser. Was soll ich hier? Soll ich die Becken reinigen; es gibt doch immer irgendeine Hinterhältigkeit bei ihnen."

„Nein, sie sollen hier nichts putzen. Sie sollen einfach nur Wasser treten. Es stärkt die Abwehrkräfte, das habe ich ihnen doch gesagt."

„Ich werde nicht in dieses Becken steigen, das wimmelt doch nur so von Fischen."

„Die lassen wir hinaus. Mister Miller, kommen sie, setzen sie sich. Hier."

Keenan brachte einen Klappsessel und half mir, mit sanftem Druck hinein. Sie sahen mich beide in freudiger Erwartung an. Ich dachte an mein Geld, an Rosslare, an meine Einsamkeit hier und zog mir meine Schuhe aus. Ich krempelte meine Hosenbeine bis zu den Knien hinauf und fragte:

„Was ist jetzt mit den Fischen?"

Keenans Schwester stellte sich an das Kopfende des ersten Beckens und öffnete eine kleine Schleuse, die unterirdisch verlaufen musste und in die umgehend einige Fische hineinschwammen. Keenan selbst half mir ins Becken hinein. Es waren einige wenige Stufen die ich hinabstieg und die Fische, die sich immer noch zahlreich im Becken befanden, flohen vor mir durch die offene Schleuse ins Ungewisse. Das Wasser war eiskalt und ging mir bis zu den Waden. Diese Becken hatten ihre beste Zeit wohl schon längst hinter sich. Ich stakste ein wenig umher und die Idioten am Rand sahen mir zu und grinsten so dämlich, wie sie es nur konnten. Nach kurzer Zeit durfte ich wieder heraus. Kellschagg meinte, ich solle ein paar Minuten im Gras herumspazieren, was ich tat um dann, mit großzügiger

Erlaubnis der Irren wieder ins nächste Becken zu steigen. Nach einer Stunde war der ganze Zirkus vorüber. Ich war gerade dabei die Stufen zu erklimmen, als mir Keenan eine eigenartige Form von Besen entgegenhielt. Ich tippte mir an die Stirn und wollte den Stiel mit der Hand zur Seite schieben und verlor so das Gleichgewicht. Die Stufen waren ohnehin nicht allzu sicher, hatte doch die permanente Feuchtigkeit eine Art glitschigen Film auf ihnen wachsen lassen. Ich stürzte und saß plötzlich im kalten Wasser. Als ich versuchte, zwischen einigen Flüchen aufzustehen, musste ich bemerken, dass mir mein linker Knöchel einen stechenden Schmerz schenkte, wenn ich ihn belastete. Keenan schien wirklich betroffen zu sein und Kellschagg blickte mich entsprechend dämlich an. Er raunte Keenan etwas zu, ich verstand es nicht, doch es hatte einen recht unfreundlichen Unterton, sodass der unmittelbar zu mir ins Becken kam und versuchte mich hochzuziehen. Das aber ohne Erfolg. Kellschagg selbst stieg jetzt zu uns herab und versuchte mich mit Keenan hochzuziehen. Es schien ihm richtig schwer zu fallen, er verbiss sich aber so in diese Tätigkeit, dass sie es letztendlich schafften, mich aus dem Becken ins feuchte Gras zu befördern. Dort saß ich nun und blickte beide hasserfüllt an. Das ungleiche

Geschwisterpaar schien richtig betroffen und Keenans Schwester wich meinem Blick sofort aus, bevor sie schließlich gänzlich das Feld räumte. Kellschagg untersuchte meinen Fuß. Er tat weh, nicht höllisch, aber ich konnte nicht auftreten. Ich konnte nicht weg. Das war der einzige Gedanke den ich fassen konnte. Ich konnte nicht weg. Keenan holte seinen Toyota, parkte ihn direkt neben mir und hob mich mit Kellschaggs Hilfe auf die Rückbank. Auf dem Weg zu meiner Unterkunft wurde kein Wort gewechselt. Ich war mir nicht ganz im Klaren darüber, was hier ablief. War es eine Verkettung von unglücklichen Zufällen, oder war ich wirklich in ein Dorf von Verrückten gelangt. Ich konnte mir keinen Reim darauf machen; die Wahrheit lag wohl irgendwo dazwischen.

Miss Roth öffnete die Tür, sah mich und wandte ihren Blick sofort ab. Ich war mir nicht ganz sicher ob sie nicht auch leicht errötete, auf jeden Fall schien sie etwas bestürzt ob meiner gesundheitlichen Verfassung. Die beiden Männer brachten mich in mein Zimmer und legten mich auf mein Bett. Doktor Kellschagg tastete abermals meinen Fuß ab, der mittlerweile etwas geschwollen schien. Jedenfalls hätte er nicht mehr ohne weiteres in einen meiner Schuhe gepasst.

„Meine Schuhe! Wo sind meine Schuhe? Haben sie beiden Idioten meine Schuhe mitgenommen?"

Die beiden sahen sich an. Keenan schüttelte den Kopf.

„Mister Miller, wir wollen doch höflich bleiben. Ich verstehe, dass ihr Unfall ihnen unangenehm ist, aber sie haben ihn ja selbst verschuldet. Hätten sie sich beim Heraussteigen mehr konzentriert, wäre das alles nicht passiert. Ich werde mich natürlich um sie kümmern, das ist Ehrensache. Und ihre Schuhe wird Mr Keenan ihnen bringen."

„Raus mit ihnen! Dieser Wahnsinnige wollte mich schon wieder zu einem ihrer Frondienste nötigen. Deswegen habe ich das Gleichgewicht verloren. Gehen sie jetzt, lassen sie mich in Ruhe. Miss Roth bringen sie die Herren hinaus. Das ist mein Zimmer, ich habe es gemietet und nun verfüge ich darüber. Also, hinaus!"

„Wir gehen schon Mister Miller. Bei Sheila sind sie in den besten Händen, das wissen sie ja ohnehin. Schonen sie ihren Fuß, treten sie nicht auf, solange er ihnen weh tut. Er ist nicht gebrochen, lediglich verstaucht. Das tut zwar auch weh, heilt aber wesentlich schneller und erfordert keine spezielle Behandlung. Halten sie ihn ruhig, in ein paar Tagen, sind sie wieder ganz der Alte."

„Hinaus jetzt", krächzte ich.

„Bei ihrem Temperament, wird die Heilung ausgezeichnet voranschreiten. Ich empfehle mich."

Gott sei Dank zog er hinter sich die Türe zu. Ich lag am Bett und starrte an die Decke. Kein Mensch würde mir diese Geschichte glauben, sie war zu abwegig um wahr zu sein. Das Leben schrieb also doch die besten Geschichten. Ich glitt langsam in einen Dämmerzustand in dem ich gedanklich wieder Karin näher war. Ich würde sie jetzt endlich anrufen müssen. Wenn Miss Roth das nächste Mal hereinschauen würde, würde ich sie bitten ihr Telefon benutzen zu dürfen.

„Patrick war ein etwas gleichgültiger Mann. Das vereinfachte sein Leben ungemein. Er machte sich nicht unbedingt viele Gedanken. Bevor wir versuchten uns gegenseitig zu lieben, war er einer jener Typen, die jeden Kittel kannten; nachlaufen musste er ihnen nicht, sie boten sich ihm förmlich an. Deswegen nahm hier ja auch jeder unsere Verbindung anfänglich nicht ganz für voll. Aber er hielt Wort, ich habe nie etwas von einer Affäre mitbekommen und es kam mir auch nichts zu Ohren. Sie können sich doch vorstellen wie es so ist am Land, es gibt viele offene Geheimnisse, niemand spricht sie an, aber jeder kennt sie. Eine Zeit lang war es richtig schwer das alles zu vergessen, bei jeder Frau unter dreißig hatte ich die wüstesten Gedanken, ich trug meine Eifersucht richtig vor mir her, die anderen mussten sie förmlich gesehen haben. Aber mit der Zeit lernte ich damit umzugehen und im Nachhinein scheint mir vieles nur noch lächerlich. Aber sie müssen mich verstehen, ich war hier fremd und auf mich alleine gestellt, ich konnte ihn doch nicht so einfach kampflos aufgeben. Gott sei Dank war das ohnehin nie notwendig. Man begreift die Dinge ja nur soweit, wie man selbst ist, vieles lernt man erst mit der Zeit. Das Schlimmste aber hier, waren die tagelangen Apfelweinfestivitäten im Herbst. Da soffen sie tagelang ihren essigsauren Cidre und kotzten was das Zeug hielt. Die einzige Attraktion im ganzen Jahr. Sie bauten Festzelte auf, die Musik dudelte und fiedelte tagelang dieselben Noten immer wieder und als Alibi musste das am wenigsten misslungenste Gebräu auch noch prämiert werden. Wenn sie am Abend nach Hause wollten, säumten die weniger Trinkfesten den

Weg, wenn sie am nächsten Tag wieder kamen, und das musste ich, ich war ja die Gattin des Vorsitzenden, dann sahen sie dort auch die, die mehr vertrugen. Es gab dort nicht einmal Toiletten. Man hatte einfach ein paar Balken zum Scheißen aufgestellt. Davor einen Vorhang gespannt, das war alles. Dahinter war der Kotzhügel. Eine leichte Erhöhung, dahinter waren die meisten zum Pissen. Und für jene, bei denen sich der Magen schon umdrehte, stellte der Hügel selbst die Erleichterung dar. Sie kotzten dort und kehrten dann wieder um, um weiter zu saufen. Bei denen, die schon betrunken genug waren, passierte es nicht selten, dass sie in ihrem eigenen und vor allem im Erbrochenen der anderen Besucher liegenblieben um eine Runde zu schlafen. Dann ging es wieder zurück und es war verständlich, warum man um sie dann einen großen Bogen machte. Aber ich bringe ihnen jetzt mein Handy, sie wollten doch ihre Frau anrufen."

Mit diesen Worten stand sie auf und verließ den Raum um kurz darauf wieder zu kommen. Sie gab mir ihr Mobiltelefon und ging wieder. Ich wählte die Nummer meiner Frau und lauschte dem weit entfernt klingenden Freizeichen. Niemand meldete sich. Dann kam die Ansage der Mailbox, sie sprechen mit soundso und so weiter. Ich hinterließ eine kurze Nachricht mit dem Hinweis, dass ich es wieder versuchen würde. Die nächsten zwei Tage probierte ich es noch drei weitere Male, doch es meldete sich immer noch niemand. Am Donnerstag brachte Keenan meine Schuhe und Socken vorbei. Er getraute sich anscheinend nicht selbst sie hochzubringen, sondern schickte seine Schwägerin. Ich hatte nun mehr als die Hälfte meines Urlaubs im Bett verbracht und meine Geduld schien erschöpft. Ich hielt es einfach nicht mehr aus, vollkommen ruhig gestellt zu sein. Ich war schon ein paar Mal durchs Haus gewandert und es hatte nicht mehr allzu wehgetan. Morgen würde ich mich wieder hinauswagen. Außerdem musste ich ein wenig Bewegung machen, das, was ich durch meine Magenverstimmung und die darauf folgende Verkühlung verloren hatte, war mittlerweile auf meine Rippen zurückgekehrt. Morgen würde ich versuchen einen Spaziergang zu machen, vielleicht konnte ich da auch gleich mein Geldproblem lösen und einen Automaten finden, damit ich mich hier endlich auslösen konnte um meinen ursprünglichen Plan.

Shot 10

Laura O´Hyras Teestube war, von innen gesehen, nichts anderes als ein größeres Wohnzimmer. Vergilbte, grüngemusterte Tapeten zierten die Wände und unzählige Bilder in verstaubten, kitschigen Rahmen hingen, in verschiedenen Größen daran. Die Getränkeauswahl hier hatte es in sich. Es gab vier Sorten Tee, Teegebäck und, darauf würde ich mich nun einlassen, eine Muschelsuppe.

„Die kommen frisch aus Kenmare." Laura O´Hyra war ähnlich vergilbt und angestaubt wie die Dekoration ihrer Teestube. Man könnte sagen, dass die Schürze ihres Kleides aus demselben Stoff war, wie die Tapeten. Optisch gab es keinerlei Unterschied und würde sie still an der Wand stehen, sie würde nicht auffallen. Ich war der einzige Gast und dementsprechend schnell wurde ich bedient. Die Inhaberin des Ladens und einzige Angestellte in Personalunion setzte mir eine Kanne Tee, sowie eine Schüssel mit besagter Muschelsuppe vor und wünschte mir einen guten Appetit.

Der Tee war dünn und die Suppe erinnerte mich auch geschmacklich an Laura O´Hyras Erscheinung. Ich vermisste jegliches Würzutensil, es gab keine Salz- respektive Pfefferstreuer und den Tee durfte ich ohne Zucker trinken. Das Unangenehmste dieser grotesken Szenerie war aber, dass Laura O´Hyra die ganze Zeit über auf einem Stuhl an der Wand saß und mich beobachtete. Ich verzichtete auf eine weitere Tasse Tee und war mir sicher, dass sie meine, noch gut gefüllte Kanne, dem nächsten zahlenden Gast servieren würde; zum vollen Preis und mit Wasser wieder aufgefüllt, versteht sich. Vielleicht war gerade das, das Geheimnis ihrer Zubereitungsmethode.

Um ein Uhr Mittag war ich wieder in Rosslare. Es sah genau so trostlos aus wie bei meiner Ankunft. Das lag wahrscheinlich daran, dass das Wetter sich heute nicht von seiner besten Seite zeigen wollte. Der Himmel war verhangen und die See schien unruhig. Ich hatte meine Jacke, sodass mich nicht fror; und außerdem scheut ein gebranntes Kind ja ohnedies das Feuer. Verkühlen würde ich mich hier wohl nicht mehr, ich war gewappnet für jegliche Launen des Wetters und ablegen konnte ich ohnehin Schicht für Schicht, die bewährte Zwiebeltechnik.

Die Eingangshalle bot mit ihren vielen Schaltern, von denen einer heute ausnahmsweise geöffnet hatte ein vertrautes Bild. Eine Handvoll Menschen wartete offensichtlich gerade auf die Abfahrt oder die Ankunft einer der Fähren, je nachdem. Ich suchte mir meinen Geldautomaten und ließ mir den Maximalbetrag geben. Das würde für die nächste Woche reichen. Damit konnte ich meine Unterkunft der letzten zwei Wochen bezahlen und mich dann auf den Weg machen. Ich verließ die Fährenhalle und sah wieder den Wagen am Straßenrand stehen, bei dem ich mir bei meiner Ankunft mein wohl, mir zum Verhängnis gewordenes Sandwich gekauft hatte. Heute würde ich darauf verzichten. Ich hatte mir in der Halle die Aushänge der Fahrpläne angesehen, welche Verbindungen ich wohl nutzen könnte und hatte mich dazu entschieden, am nächsten Tag nach Cork zu fahren. Ich wollte mich dort ein wenig umsehen, ein wenig unter Menschen kommen und meine weitere Route planen. Bei unserer letzten Irlandreise hatten wir Cork besucht und ich erinnerte mich noch lebhaft an die Stadt mit ihren vielen sie umzingelnden Vororten. Es gab dort auch die Möglichkeit eine Fähre direkt nach Swansea zu bekommen. Das würde bedeuten, wenn ich meine letzte Woche dort in der Gegend verbringen würde, hätte ich eine simple

Heimreise ohne nennenswerte Strapazen. Ich spazierte zurück nach Piercetown und kam gegen drei Uhr dort an. Ich war denselben Weg gegangen, auf dem mich John Keenan nach meiner Ankunft aufgegabelt hatte. Heute schien er eine andere Route zu fahren. Ich sah ihn buchstäblich vor mir, in seinem weißen, von den vielen Jahren auf Irlands Landstraßen gezeichneten Toyota Hiace, sitzend und Ausschau haltend, nach einem neuen Opfer, das er seiner Schwägerin bringen konnte. Er würde sich bemühen müssen, das Zimmer stünde bald wieder zur Verfügung. Doch vorerst wollte ich, meinen mittlerweile knurrenden Magen zufrieden stellen. Ich kehrte im Golden Loom ein und bestellte mir den Rinderbraten. Ich konnte mich hier eigentlich nochmals durch alles durchkosten, hatte ich bei den meisten Speisen, die ich vor allem in meiner ersten Woche hier bestellt hatte, ja ohnehin keinen richtigen Geschmack verspürt. Nun konnte ich endlich die Kochkünste genießen und mich verwöhnen lassen, wie man es so schön zu nennen pflegt. Verwöhnen war für mich zwar etwas anderes und die irische Küche war dafür auch nicht in erster Linie geeignet. Kochte man hier ja relativ gewürzfrei. Im Field gab es eindeutig die bessere Küche, wenn auch einfacher, dafür aber geschmackvoller. Nichts desto trotz verschlang ich das Stück Fleisch samt Beilagen aufgrund meines großen

Hungers im Nu. Ich hatte gefrühstückt, üppig wie schon die letzten Tage auch, das verspätete Mittagessen war aber schon dringlich gewesen. Ich bestellte mir ein Glas Apfelwein. Miss Roths Erzählung von den jährlichen Apfelweinfesten hatte mich auf die Idee gebracht. Anscheinend war es im Loom wichtig einen bestimmten Schein zu erwecken. Es gab hier keinen Cidre aus dem Ort oder der näheren Umgebung. Strongbow wurde hier ausgeschenkt, wie in fast allen Pubs auf dieser Welt. Wahrscheinlich gab es etwas, das mehr meinen Erwartungen entsprach im Field; ich würde das am Abend erkunden. Jetzt wollte ich erst einmal auf mein Zimmer gehen und abermals mein Gepäck durchsehen und zusammenpacken, sodass ich, wenn ich aus Cork morgen zurückkehren würde, keinen Aufwand mehr betreiben musste um zügig abreisen zu können. Ein kleines Nickerchen würde sich auch noch ausgehen bevor ich mich auf den Weg ins Field machen würde.

Als ich die Tür aufschließen wollte, öffnete sie sich und Doktor Kellschagg trat heraus.

„Ich habe sie gesucht. Ich wollte wissen wie es ihnen geht. Aber ich sehe, sie sind wieder unterwegs in alter Frische."

„Ja, alles bestens, danke." Ich wollte das Gespräch so kurz wie möglich halten. Dieser Landarzt war zu viel für mich. Aber wie ein schlauer Vertreter, ließ er mich nicht an sich vorüber. Er stand in der Tür, sodass ich nicht vorbei konnte.

„Mister Miller, haben sie noch Schmerzen?"

„Doktor Kellschagg, es ist schon ok. Ich benötige ihre Hilfe nicht mehr. Lassen sie mich einfach hinein."

„Natürlich, natürlich. Sie wissen, dass sie ihren Fuß, nach den Tagen der Schonung nun ein wenig fordern dürfen. Unternehmen sie ein paar Wanderungen, die Gegend hier bietet sich ausgezeichnet dazu an. Ich kann ihnen die Wandergruppe von-„

„Danke, kein Bedarf. Ich habe heute selbst einen ausgiebigen Ausflug hinter mir. Ich schaff das schon alleine."

„Natürlich, ich kann es aber nicht verantworten sie einfach so mittelos dastehen zu lassen. Ich habe ihnen hier dieses kleine Heftchen mitgebracht. Da sind einige Wanderrouten eingezeichnet, die sie beschreiten könnten. Nichts anstrengendes, aber sie wissen ohnehin was sie sich zumuten können."

Damit er endlich verschwinden würde, nahm ich das schmale Heftchen und bedankte mich mit ehrlich geheuchelter Freundlichkeit. Daraufhin verließ Kellschagg seinen Platz und ich konnte eintreten. Er zog seinen Hut und von dannen. Ich hoffte innständig ihn nie wieder zu sehen. Sollte er doch andere in seiner Ordination stundenlang warten lassen. In meinem Zimmer warf ich den Wanderführer auf mein Bett und holte meinen Rucksack aus dem Kasten. Ich ordnete meine Reisedokumente, versteckte den Großteil des Geldes und bemerkte, dass mein Pass nicht da war. Ich räumte meinen ganzen Rucksack aus, bekam sogleich eine Übersicht über die sauberen Kleidungsstücke die mir noch zur Verfügung standen und auch über den Berg schmutziger Wäsche. Aber weit und breit war nichts von meinem Reisepass zu sehen. Ich hatte ihn mitgehabt, ganz sicher. Hatte ich ihn nicht hergezeigt, als ich hier mein Quartier bezogen hatte? Beim Auschecken aus der Fähre hatte ich ihn auf jeden Fall noch gehabt, ich musste ihn zwar nicht herzeigen, hatte ihn aber in der Hand bereitgehalten, falls doch. Wo konnte er sein? Gut, ich hatte ihn nicht immer bei mir getragen wie es aber wohl zu empfehlen war, fern der Heimat. Hatte ich ihn bei Doktor Kellschagg dabei? Ich wusste es nicht mehr. Da würde mir wohl nichts anderes übrigbleiben und ich würde ihn suchen müssen. Mir blieb wirklich nichts erspart. Ich würde Miss Roth einmal fragen, ob sie ihn gefunden hatte. Ich verließ also mein Zimmer um sie zu suchen. Sheila Roth war hinter dem Haus und nahm Wäsche von einer Leine ab.

„Sheila, habe ich meinen Reisepass noch bei ihnen?"

„Ihren Passport? Ich glaube nicht, aber ich werde nachsehen. Gleich wenn ich mit der Wäsche fertig bin."

„Gibt es hier in Piercetown irgendwo die Möglichkeit seine Wäsche waschen zu lassen?"

„Ja, ganz klar gibt es die Möglichkeit. Geben sie sie mir, dann werfe ich sie gleich in die Maschine und sie können sie morgen haben."

„Ich bezahle natürlich dafür, macht es ihnen keine Umstände?"

„Nein, nein, das geht schon in Ordnung. Sie sind ja nicht der erste hier. Wenn ihr Badezimmer etwas größer wäre, dann hätten sie ohnehin eine Waschmaschine drin stehen. Bringen sie mir ihre Wäsche, dann ist sie morgen wahrscheinlich schon trocken, ich habe nämlich keinen Trockner. Hier, nehmen sie den Korb und holen sie ihre Sachen."

Ich ging, mit dem blauen Wäschekorb von Miss Roth zurück auf mein Zimmer und warf meine schmutzigen Kleidungsstücke hinein um dann wieder meine Unterwäsche auszusortieren. Nachdem, was ich mit Miss Roth erlebt hatte, musste ich meine Schamgrenze etwas deutlicher ziehen. Vielleicht war das etwas übersensibel, aber ich mochte uns beide nicht in Versuchung führen.

Miss Roth besah sich die Sachen und sagte: "kein Problem, ich werde mich gleich darum kümmern", und verschwand. Hoffentlich hatte sie meinen Reisepass, er konnte ja nicht so einfach aus der Welt sein. Mittlerweile war ich mir ziemlich sicher, dass ich ihn hier noch gehabt hatte, also würde er auch wieder auftauchen. Ich legte mich aufs Bett um mich ein wenig auszuruhen. Ein paar Tage in der Horizontalen und alle Kraft saß auf der Reservebank. Ich schloss die Augen und sah umgehend das Gesicht meiner Frau. Sie hatte jetzt schon lange nichts von sich hören lassen. Auf meine Nachrichten hatte sie nicht geantwortet, lag es an der Entfernung, kamen sie überhaupt bei ihr an? Ich hatte keine Ahnung, jedenfalls beunruhigte es mich zumindest ein wenig. Was sie wohl jetzt machte? Hoffentlich nutzte und genoss sie die Zeit. Obwohl, es war das erste Mal nach etlichen Jahren, dass wir getrennt waren. Da war es vielleicht gar nicht so einfach, damit umzugehen beziehungsweise die Tage und Stunden gut zu gebrauchen. Meistens war es ja so, dass, hatte man dann einmal Zeit, verstrich sie genauso schnell und ungenutzt, weil man gar nicht mehr wusste, wie man sie nutzen konnte.

Um halb sieben wachte ich auf. Ich hatte mehr als eineinhalb Stunden geschlafen, das Gebimmel der Kirchenglocken überhört und Miss Roth hatte mich auch in Ruhe gelassen. Wahrscheinlich war meine Wäsche auch schon fertig und hing mittlerweile auf derselben Leine auf der kurz vorher ihre Unterwäsche zum Trocknen gehangen hatte. Ich fuhr mir durch die Haare, setzte mich auf und schlüpfte in meine Schuhe.

Die Wolken hatten sich in der Zwischenzeit verzogen und der Himmel war klar, wenn auch nicht mehr all zu hell. Auf dem Weg ins Field traf ich O´Malley, der aber, recht plump versuchte mir auszuweichen. Gut so, ich wollte mit all diesen Irren nichts mehr zu tun haben. Sollten sie doch ihre Höfe ohne meine Mitwirkung bewirtschaften. Im Field herrschte das übliche gesellige Treiben, die Luft war vernebelt und mehr als die Hälfte der Tische war besetzt. Ich ging an die Bar und fragte erst einmal ob sie hier Cidre hätten. Und ich betonte, dass ich keinen globalisierten Strongbow meinte. Heute war Richard Paisley selbst anwesend. Ansonsten war, wie ich mittlerweile erfahren hatte, sein Sohn gewesen, der hier ausschenkte. Wahrscheinlich hatte Paisley alle Hände voll zu tun, neue Bierlieferungen zu organisieren. Es gab hier Cidre. Sie lagerten ihn in kleinen Fässern und Paisley versicherte mir, dass ich wohl in meinem ganzen Leben keinen besseren je getrunken hatte. Dem war nichts hinzuzufügen. Er bekam ihn von einem nicht weit entfernt lebenden Bauern, der ihn, wie er es gelehrt bekommen hatte, auf traditionelle Art und Weise herstellte. Ohne den Unmengen an Zucker, die andere zusetzten um das Getränk auf Massentauglichkeit zu trimmen. Ich trank zwei Pints davon und beglückwünschte mich zu meiner Entscheidung, Apfelwein bestellt zu haben. Aber warum auch nicht, wenn es hier schon diese Tradition gab, warum sollte man sie nicht nutzen. Danach bestellte ich mir wieder ein Stout, setzte mich an einen freien Tisch und zündete mir eine Zigarette an; geschlossene Gesellschaft sozusagen. Ich hatte das Gefühl, dass es heute spät werden würde. Ich fühlte mich recht wohl, das lag wahrscheinlich an meinem nachmittäglichem Nickerchen, und außerdem, hatte ich die Aussicht, dass nun endlich mein Urlaub beginnen würde. Da bemerkte ich in einer Nische neben dem Ausschank ein Münztelefon. Ich öffnete meine Geldbörse um nachzusehen ob ich genügend Kleingeld hätte. Es würde reichen. Ich wollte wieder meine Frau zu erreichen versuchen. Einmal musste es doch funktionieren. Ich wählte und lauschte einmal dem Freizeichen, dann wurde abgenommen. Es war ihre Stimme.

„Endlich. Nicht, dass ich mir übermäßig Sorgen mache, aber es wäre doch angebracht, zumindest zu sagen, dass man angekommen ist, oder?"

„Ja, klar. Ich habe dich ohnehin mehrmals zu erreichen versucht, hast du meine Nachrichten nicht abgehört?"

„Welche Nachrichten? Ich habe hier keine von dir bekommen. Wie geht es dir, sag mal."

„Jetzt geht's mir ausgezeichnet. Aber bis vor kurzen war ich krank."

„Was, krank? Was hast du gehabt?"

„Muscheln? Du weißt, dass-"

„Nein, keine Muscheln. Ein Hühnersandwich. Aber wie gesagt, jetzt ist alles wieder im Lot. Was tut sich bei euch?"

„Es ist ausgesprochen ruhig hier. Ich komme zum Lesen und gestern war ich mit Claudia aus."

„Na wunderbar. Ich schreib dir eine Karte, ja?"

„Ja, schreib uns eine Karte. Wie lange warst du denn krank?"

„Ich traue es mich gar nicht sagen, eigentlich bis gestern."

„Seit du angekommen bist?"

„Naja, nicht durchgehend, aber fast."

„Da hast du ja nichts von deinen Ferien."

„Könnte man meinen, aber du weißt ja, wenn einer eine Reise tut-„

„Dann kann er was erzählen, aber wenn du krank warst, was willst du mir da erzählen. Bleib doch einfach länger, dann kannst du zumindest ein wenig was einholen von der versäumten Zeit."

„Ich weiß nicht."

„Machs einfach. Wo bist du, ich hör da doch was?"

„Ich bin in einem Pub, in Piercetown."

„Piercetown, hab ich noch nie gehört, wo ist das?"

„Bei Rosslare, ein paar Kilometer weiter?"

„Da bist du aber noch nicht weit gekommen."

„Ich habe dir ja gesagt, ich war krank. Ach, ich erzähl dir das alles wenn ich wieder da bin."

„Ja, mach dir einen schönen Abend noch, ich liebe dich."

„Ich lieb dich auch, bis bald."

Ich weiß nicht, wie viele Pints es letztendlich gewesen waren, meine Zigaretten waren zumindest aufgeraucht und es fiel mir am nächsten Morgen nicht sonderbar leicht, aufzustehen. Ich hatte keinen Kater und es war mir auch nicht übel, jedoch, dass es zu spät geworden war, das zeigte mir meine Müdigkeit. Ich raffte mich also auf, sah beim Fenster hinaus und bemerkte, dass die Straße unter meinem Fenster nass war. Es musste, während ich geschlafen hatte, geregnet haben. Optimal, dachte ich mir. Wenn tagsüber die Sonne schien, beziehungsweise die Wolken hielten, dann konnte es getrost in der Nacht regnen. Meine Motivation war wieder da, ich ging ins Bad und stellte mich unter die Dusche. Danach ging ich in den Speiseraum um mein Frühstück einzunehmen. Es war, wie gewohnt, alles schon hergerichtet und nachdem ich meinen Platz eingenommen hatte, kam Miss Roth in den Raum und brachte mir frischen Kaffee und warmen Toast. So ließ es sich aushalten. Ich bedankte mich bei ihr aber sie war schon wieder weg um kurz darauf wieder zu erscheinen.

„Ich habe gestern ihre Wäsche gewaschen, so viel war es nicht für die Zeit die sie hier sind. Aber, heute Nacht hat es geregnet, alles ist wieder nass."

„Toll. Aber was solls, wir können es nicht ändern, da muss ich wohl warten bis alles wieder trocken ist, aber es sieht heute ohnehin nach Sonne aus, da wird die Wäsche ja wohl am Nachmittag getrocknet sein."

„Möglich", sagte Miss Roth und ging wieder. War ich zu schroff gewesen? Ich war schon etwas ungehalten bezüglich dieser neuen Entwicklung. Es würde ein weiterer Tag hier in Gefangenschaft sein. Und ehrlich gesagt, reichte es mir allmählich. Ich frühstückte und ging wieder auf mein Zimmer. Kellschaggs Heft lag neben dem Bett und ich schlug es auf. Es enthielt einige Wanderwege in und um Piercetown. Ich blätterte es durch und, da ich ohnehin hierbleiben musste und ein wenig Training für meinen Fuß sinnvoll wäre, wählte ich eine Route aus, die mich einerseits den Tag über beschäftigen würde und andrerseits konnte mich nun doch ein wenig mit der Landschaft beschäftigen, ganz zu schweigen davon, dass ich Piercetown und dessen Einwohner für einen Tag hinter mir lassen würde. Am Marktplatz deckte ich mich mit Proviant ein, Käse, Blutwurst, eine Flasche Milch und zwei undefinierbare Gebäckstücke. Dann, mit meinem Heftchen als Führer machte ich mich auf, die Route 3, Piercetown-Bridgetown-Duncormick zu bewältigen. Hin und retour zwanzig Kilometer, das wären vier Stunden. Ich würde also, wenn ich großzügige Pausen einlegen würde, was ich vorhatte, gegen Abend wieder hier sein. Hundemüde aber hoffentlich mit klarem Kopf.

Ich erreichte Bridgetown nach etwas mehr als einer Stunde Fußmarsch. Bridgetown und Piercetown hätten die besten Voraussetzungen als Zwillingsgemeinden durchzugehen. Bridgetown geizte ebenso mit seinen Attraktionen wie Piercetown, der einzige Unterschied, der wohl aber einiges ausmachte, war, dass es hier eine Garda, eine Polizeistation sowie eine Art Supermarkt gab; mit Poststelle. Ich kaufte also die versprochene Karte und schrieb meiner Frau, mit einem abgekauten Kugelschreiber, den ich mir geborgt hatte, einige Zeilen. Ich warf die Karte auch gleich ein. Erledigt ist erledigt. Dann kaufte ich mir, zu meiner Flasche Milch, eine Dose Ginger Ale. Ich setzte mich auf eine Bank, gegenüber einer Kirche, und aß etwas von meinem Proviant. Der Käse war mittlerweile weich und glänzend geworden, hatte also die richtige Temperatur um verspeist zu werden. Die Blutwurst ebenso. Dazu probierte ich etwas von diesen dunklen, bröseligen Gebäckstücken. Ein weiteres Mal würde ich sie nicht mehr kaufen. Fade schmeckten sie und das war noch wohlwollend ausgedrückt. Nach meiner Mahlzeit blickte ich wieder in meinen Wanderführer. Die Kirchenuhr schlug zwölf. Ich war etwas spät dran, das lag wohl daran, dass der gestrige Abend auch etwas später als üblich geendet hatte. Nach Duncormick, das direkt an der Küste lag, war es etwas weiter als von Piercetown nach Bridgetown. Ich machte mich also auf den Weg. Das Wetter schien heute zu halten. Einige Wolken waren unterwegs, aber nur um die Sonne nicht alleine zu lassen. Ich schritt einen Feldweg frohen Mutes entlang, links und rechts eingefasste Weiden auf denen Schafe und Kühe abwechselnd grasten und in unregelmäßigen Abständen, stand eine Bank um kurz zu rasten. Das tat ich auch bei der nächsten, setzte mich nieder und sah einer Herde Ziegen zu, die fraßen und mähten. Während ich so da saß, näherte sich eine graue Katze und sprang letztendlich neben mich. Sie schien zutraulich zu sein und ließ sich, nach kurzem und argwöhnischem Mustern meiner Person, auch streicheln. Ich erinnerte mich der Milch, die ich bei mir trug und wie froh ich wäre, sie loszuwerden, holte sie aus dem Beutel und leerte ein wenig davon in den breiten Schraubverschluss der Flasche. Das Tier begann ohne Zögern die Milch daraus zu lecken. Als sie damit fertig war, sah sie zu mir auf, als wolle sie mir sagen, es könnte ruhig so weiter gehen. Ich füllte den Deckel abermals und sie leckte wieder freudig drauf los. Ich war richtig froh, dass ich mich so meiner Milch entledigen konnte. Ich nahm den Deckel abermals, da biss mich das Luder in den Finger und sprang davon. Nach ein paar Metern blieb sie stehen, drehte sich um und kam langsam und miauend auf mich zu. Wahrscheinlich hatte sie gedacht, ich würde ihr die Milch streitig machen wollen. Ich füllte den Verschluss noch einmal und sie sprang wieder hoch, neben mich auf die Bank. Sie hatte mich nicht tief gebissen, jedoch tief genug, es blutete leicht aus meinem Daumen. Aber es würde gleich aufhören und so reinigte sich die Wunde auch wie von selbst. Das Kätzchen war davon unbeeindruckt und leckte weiter meine Milch. Wir wiederholten diesen Vorgang noch einige Male, bis das graue Tier endgültig davon lief. Ich verschloss die Flasche wieder und machte mich auf um nach Duncormick zu kommen. Es war jetzt halb zwei, das bedeutete, dass ich in etwa einer halben Stunde dort ankommen würde. Ich hatte es nun nicht mehr so eilig. Ich würde mich in Duncormick in einen Pub setzen, wenn es dort einen gab. Ich nahm das aber an. Gab es auch sonst ein nicht allzu üppiges Angebot, Pubs waren fast an jeder Ecke. Und ich konnte das auch vollkommen verstehen, was sollten die Leute hier sonst tun, anstatt sich volllaufen zu lassen.

Duncormick lag direkt an einer Bucht, die durch eine Landzunge vom Pazifik getrennt wurde. Bei starken Stürmen diente sie als Schutz und so war der Ort einer der ältesten an Irlands Südküste. Duncormik war von einer fröhlichen Stimmung die einladender nicht sein konnte. Die bunt bemalten Fronten der Häuser schienen nicht unterschiedlicher als die von

Piercetown sein zu können und es gingt hier lebhafter zu, als ich es bis jetzt während meines Aufenthalts erlebt hatte. Hierher hätte es mich verschlagen sollen, das wäre wohl auszuhalten gewesen. Ich spazierte am Strand entlang. Der Wind war hier eine Wenigkeit rauer, als auf meinem Weg hierher, aber trotzdem noch angenehm. Der Ausblick aufs offene Meer machte ohnehin alles wieder wett. Ich ließ mich in einem kleinen Pub nieder, das zwei Tische vor seinem Eingang aufgestellt hatte. Dort saß ich mit meinem Pint Murphy´s und blickte auf den Ozean. Ich stellte mir kurz vor, welche Urgewalt wohl in diesen Wassermassen steckte; wie viel Geschichte sie in sich trugen und was sie wohl alles erzählen könnten, jedoch niemals mitteilen würden. Mit Abstand war das wohl der angenehmste Tag meines bisherigen Aufenthalts. Ich holte den Rest vom Käse hervor und verspeiste ihn mit einem Teil der Blutwurst, die mittlerweile schon recht weich geworden war. Nach der Beendigung meines kargen, aber befriedigenden Males, packte ich die Reste zusammen und machte mich auf den Heimweg. Ich war noch nicht weit gegangen, da verspürte ich ein leichtes, aber dennoch bemerkbares Pochen in meinem linken Zeigefinger. Der rote Punkt fiel mir sofort auf, als ich ihn ansah. Da musste sich der Zahn, des Raubtiers hineingebohrt haben. Nicht tief, aber eben tief genug, sodass ich es immer noch spürte. Unfreundliches Tier. Würde sich wohl ein wenig entzünden, solang die Katze mir nicht den ganzen Finger abgerissen hatte, war es ja nicht so schlimm.

Am nächsten Tag saß ich wieder im Wartezimmer von Doktor Kellschagg. Ich hatte mir hoch und heilig geschworen, seine Dienste nicht mehr in Anspruch zu nehmen, mein Leben schien mir aber jetzt doch wichtiger zu sein. Ich hatte die Nacht über schlecht geschlafen und das Pochen in meinem Zeigefinger hatte nicht aufgehört; im Gegenteil, es war stärker geworden und schmerzte nun auch. Als ich letztendlich aufstand, sah ich eine rote Linie, von meinem Finger aus auf meinen Ellenbogen zugehen. Der rote Punkt war sozusagen der Start. Das Ziel wollte ich nicht kennen, also machte ich mich ein wenig panisch auf den Weg zu Doktor Kellschagg. Mein Frühstück musste warten. In Kellschaggs Ordination durfte ich wie gewöhnlich auch erst einmal Platz nehmen. Es dauerte heute aber nicht so lange wie die letzten Male. Nachdem die Sprechstundendame bei Kellschagg war und von meiner Ankunft berichtete, stürzte dieser aus seinem Zimmer und schien offensichtlich besorgt zu sein. Sein übliches Geschwätz war einem kurzen Gruß und einem: „kommen sie bitte gleich herein", gewichen.

„Wissen sie Mister Miller, Menschen die auf Katzen allergisch sind, sind nicht, wie allgemein angenommen wird auf deren Haare allergisch. Es ist der Speichel. Wir wissen ja, wie sauber Katzen sind und wie oft sie sich putzen. Und bei einem Biss ist es genauso. Sie waren rechtzeitig bei mir und so sollte es keine Komplikationen geben. Das hätte auch ins Auge gehen können. Eigentlich sollte ich sie hierbehalten, ihnen passiert andauernd etwas. Ich kann gar nicht verantworten sie wegzulassen. Ich wünsche ihnen noch alles Gute; sollte es Komplikationen geben, sie wissen ja wo sie mich finden."

„Ja, danke."

Ich stand auf und gab Kellschagg die Hand. Ich war wirklich dankbar für seine Hilfe. Er hatte mir zwei Injektionen gegeben und den Finger geschient. Der Eindruck den ich von ihm gehabt hatte, war offensichtlich ein falscher gewesen. Kellschagg schien sein Handwerk zu verstehen. Ich stieg die Stufen hinunter und fand mich auf dem Gehweg wieder. Es war Zeit für mein Frühstück, Miss Roth hatte gemeint, sie würde auf mich warten. Ich machte ihr, trotz aller Freude, die sie durch meinen Aufenthalt hatte, wohl auch die eine oder andere Sorge.

Shot 11

Ich hatte die folgenden zwei Tage damit verbracht, die Umgebung ausgiebig zu erkunden. Alle meine Pläne waren ohnehin über Bord geworfen worden und so machte ich das Beste daraus; und ich würde eine weitere Woche anhängen. Dazu benötigte ich aber wieder ein Telefon. Ich musste Karin informieren und versuchen mein Flugticket umbuchen zu lassen. Es war also Zeit für meinen Erkundungstrip nach Cork. Ich hatte zwar meinen Finger immer noch geschient, das aber nur zur Sicherheit; die Schmerzen waren gestern schon nicht mehr spürbar gewesen.

Nach meinem üblichen Frühstück, bei dem ich heute wieder einmal einige Regionalblätter durchsah, in denen auch die diesjährigen Cidrefestivitäten angekündigt wurden und der Streit darüber, ob der Apfelwein nun ursprünglich aus Wales sei oder nicht auch Thema war, machte ich mich auf den Weg nach Rosslare. Ich würde mit dem Zug nach Cork fahren. In Irland ist das Schienennetz ein wenig dienliches. Es gibt eine Nord-Südverbindung und einige wenige Ost-Weststrecken, dazwischen ein paar Wurmfortsätze einiger Verbindungen. Die meisten Strecken legte man hier mit dem Bus zurück, sofern man kein eigenes Gefährt vorweisen konnte. Ich wollte zumindest einmal während meines Aufenthaltes die Irish Railway nutzen. Bei meinem ersten Trip, unterwegs damals mit Interrail, war die Bahn, sofern sie nicht gerade bestreikt wurde, unsere Hauptverkehrsader, dort wo sie eben auch fuhr. In Limmerick Junction würde ich umsteigen müssen. Der Anschlusszug würde nur wenige Minuten auf sich warten lassen, ein praktischer Nebeneffekt, der mich Zeit sparen ließ. Die Rückkehr von Cork würde ich im Autobus absolvieren. Die Zugfahrt dauerte zwar nicht viel länger, nur wäre die Verbindung abends unvorteilhaft; außerdem musste ich ja noch von Rosslare nach Piercetown zurück.

Es war jetzt acht Uhr dreißig und ich ging über den Platz vor der Kirche. Ein paar Leute waren unterwegs, niemand den ich kannte und so kam es, dass ich ohne Aufenthalt, weil mir wieder jemand behilflich bei der Herstellung meiner Gesundheit sein wollte, Piercetown verlassen konnte und mich auf dem Weg nach Rosslare befand. Das Wetter war heute ausgesprochen freundlich, die Sonne wärmte mit ihren Strahlen und ihre Helligkeit ließ die Farben des Landes frisch und gesund aussehen. Der Bahnhof befand sich direkt am Fährhafen und bis auf einen Schwall von

Fährenreisenden, wartete niemand auf die Erlaubnis, die Plattform, wie man Bahnsteige hier nun mal nannte, zu betreten. Ich hatte mir eine Hin und Rückfahrkarte gekauft, sie würde auch im Bus gelten, sodass ich in Cork nicht wieder am Bahnhof erst herausfinden musste, wie diese Automaten denn funktionieren würden. Man hielt hier anscheinend nicht viel von Personal, das einem freundlich oder aber auch mürrisch hinter einer Glasscheibe erwartete. Mir war das zwar um einiges lieber, aber was konnte ich hier schon ausrichten mit meiner Unzufriedenheit darüber, Dienstleistungen von Maschinen ausführen zu lassen.

Wir verließen den Bahnhof Richtung Osten und ich begann meine Mitreisenden zu beobachten. Mir gegenüber saß ein junges Pärchen, sichtlich müde und sichtlich vertraut. Ich verstand zwar kein Wort, was sie zueinander sagten, es musste aber durchaus etwas humorvolles sein, da einer der beiden Burschen immer wieder auflachte. Schräg gegenüber, eine Reihe weiter turnte ein junges Mädchen auf der Sitzbank und hatte auch ihren Spaß dabei, wobei ihre Mutter das gar nicht so amüsant fand. Sie versuchte sie immer wieder in ihrem Eifer zu dämpfen, was klarerweise aber von der Kleinen eher als Ansporn gedeutet wurde, zumindest war das Ergebnis so zu deuten. Ich blickte immer wieder aus dem Fenster und ließ die Landschaft an mir vorüberziehen. Hier ließ es sich schon Leben. Wenn man einmal die Taktung des Landes angenommen hatte, sich nicht mehr im Laufschritt befand und sich darüber bewusst war, dass morgen auch noch ein Tag wäre, und wenn nicht, es ohnehin egal wäre, wie gesagt, dann würde es sich hier leben lassen. Ansonsten, würde man das eine oder andere vermissen, könnte dieser Flecken Erde wohl zur Hölle auf selbiger werden. Was mich hier auch immer schon verblüfft hatte, waren die Aufkleber auf den Fenstern. Sie verkündeten das Rauchverbot und gleichzeitig die drohende Strafe bei Nichtbefolgen. Als ich das erste Mal in einem dieser Züge fuhr, saß bei offenem Fenster ein Mann und rauchte. Das tat er auch während der Fahrscheinkontrolle und entweder, dachte ich mir damals, kannte er den uniformierten Entwerter oder es war eines dieser vielen Verbote, die ohnehin niemand einhielt. Bei meinen weiteren Erlebnissen, festigte sich dann die Überzeugung, dass es wohl zweiteres gewesen sein musste.

In diesem Zug hier rauchte niemand. Die Verbotsaufkleber waren immer noch an den Fensterscheiben angebracht, der Wortlaut schien derselbe, lediglich der Preis für den unerlaubten Rauchgenuss war mittlerweile gestiegen. Ich lehnte mich zurück und schloss meine Augen. Nicht dass ich müde war, nein, ich hatte die letzte Zeit ausgiebig geschlafen und bis auf einige wenige Ausnahmen auch keine Anstrengungen gehabt, es war eher ein Rückzug in meine Gedankenwelt, die ich gerade zu leeren versuchte. An nichts denken, das war wohl die schwierigste aller Aufgaben.

Wir hatten gerade Waterford passiert und waren seit knapp einer Dreiviertelstunde unterwegs. Es lag etwa gut ein Drittel der Strecke bis Limerick Junction hinter uns. Dort musste ich, wie gesagt umsteigen, um meinen Anschluss nach Cork zu bekommen. Der letzte Teil der Reise würde eine gute Stunde in Anspruch nehmen. Ich würde kurz vor ein Uhr Mittag in Cork ankommen, würde dort einmal Mittagessen und dann zu Hause mitteilen, dass ich noch eine weitere Woche bleiben würde. Danach würde ich mein Flugticket umbuchen und mich nach einer geeigneten Herberge umsehen. Vom ruhigen Landleben hatte ich mittlerweile genug. Die letzten beiden Tage die ich mit Spaziergängen verbracht hatte, waren schon am Rande der Langeweile entlanggeschrammt, ich brauchte ein wenig Stadtleben, nichts Übermäßiges und da war Cork genau das richtige.

Mittlerweile war es nicht mehr so sonnig und einige Wolken sahen grau und düster aus, hier und da zersprangen einige Tropfen auf der Fensterscheibe und ich hatte den Eindruck als wäre heute ohnehin der Tag für eine Zugfahrt. Das Regenwetter, das mittlerweile leicht über Hand nahm, hatte etwas Romantisches an sich, es war das Wetter, das man diesen Breitengraden zuschrieb. Abermals lehnte ich mich zurück und schloss ein wenig die Augen, mit dem Ergebnis, dass ich nun wirklich einschlief. Was mich wieder weckte, war das Rumpeln beim Einfahren in Limerick Junction. Limerick Junction stellt, wie schon erwähnt, die Kreuzung der Bahnlinien von Nord und Süd respektive Ost und West dar. Man stellt sich also vor, ein Hauptverkehrsknoten mit dazu erwartetem, geschäftigem Treiben. Limerick Junction stellt aber das genaue Gegenteil dar. Hier gibt es eine Handvoll Bahnsteige, so gut wie kein Personal aus Fleisch und Blut, eine Bahnhofstoilette und sonst weit und breit nichts. Nun gut, nichts konnte man so nicht sagen. In etwa hundert Metern Entfernung, war eine Ansammlung von Häusern. Es waren vier an der Zahl, wobei eines davon ein Pub war.

Ich blickte beim Fenster hinaus und sah, dass wir am Bahnsteig einfuhren. Ich stand auf, schlüpfte in meine Jacke und machte mich auf den Weg zum Ausstieg. Ich hatte bis jetzt geschlafen und merkte, als ich stand, dass ich mich etwas Erleichtern musste, noch bevor ich hier ausstieg. Es war ein dringendes Bedürfnis, das ich nicht so einfach ignorieren konnte. Ich verließ also den Fahrgastraum, kam in die kleine Schleuse kurz vor dem Ausstieg und sah einerseits, dass die WC-Tür verschlossen war, es zeigte deutlich rot und nicht grün und andrerseits war der Zugbegleiter gerade dabei die Ausstiegstür händisch zu öffnen, um seiner Verpflichtung nachzukommen. In den Stationen war das Pissen im Zug verboten, außer sie hatten eine Harnflasche zur Hand, die in meinem Fall aber nicht zugegen war. Ich vertröstete mich darauf, dass ich ohnehin gleich am Bahnsteig wäre und dort die öffentliche Toilette aufsuchen würde. Auf meinen Anschlusszug konnte ich nicht warten, das wäre ein Risiko, das ohne Wechselwäsche einzugehen, nicht allzu ratsam wäre.

Ich befand mich auf Plattform drei, der Zug nach Cork würde auf Plattform zwei, die gegenüber lag einfahren und die Räumlichkeiten, die ich nun dringend benötigen würde, befanden sich bei Plattform eins.

Dazu musste ich erst einmal die Stufen hinabsteigen um mittels Unterführung unter den Geleisen durchzukommen. Das Überschreiten der Geleise war hier natürlich auch untersagt. Ich beeilte mich also in vollkommenem Eigennutzen und hetzte auf der anderen Seite die Stufen hinauf. Die Beschilderung war hier erster Güte. Ich musste mich nur nach links wenden um Warteraum, WC-Anlagen beziehungsweise Ticketautomaten vorzufinden. Der Warteraum stand offen, daneben gab es zwei, natürlich geschlossene Schalter und daneben eine Tür mit der Aufschrift WC. Beim Öffnen musste ich feststellen, dass sie verschlossen war. Das konnte doch nicht sein, gab es dafür etwa auch schon Automaten? Ich lief den Bahnsteig entlang um Ausschau nach einer etwaigen zweiten Lösung zu halten, doch es gab weit und breit nur versperrte Türen und keinerlei Hinweise auf ein weiteres WC oder einem Waschraum. Was blieb mir anderes also übrig, auf dem Bahnsteig selbst konnte ich mich nicht erleichtern, schon einmal abgesehen vom spärlichen, doch aber existenten Publikum. Ich lief also um den Bahnhof herum und suchte mir etwa fünfzig Meter entfernt eine kleine Ansammlung von Büschen um dort meinem ureigensten Verlangen nachzugehen. Hatte ich wirklich so viel getrunken heute Morgen? Ich würde mir einen routinemäßigen WC-Besuch vor

Verlassen meines Hauses aneignen. Ich hörte, wie sich mein Zug wieder auf den Rückweg machte und ging nun, um einiges Erleichtert in Richtung Bahnhof. Ich würde gerade recht kommen. Als ich den Bahnhof wieder betrat, stand dort immer noch der Zug, mit dem ich gekommen war. Das verstand ich jetzt aber gar nicht. Welcher war dann weggefahren? Mir dämmerte Fürchterliches. Meine Pechsträhne war anscheinend noch nicht vorbei. Ich sah mir im Schaukasten die Abfahrtstabelle an, und durfte feststellen, dass der einzige Zug, der innerhalb dieser Stunde hier den Bahnhof verlassen würde, der nach Cork wäre. Oder besser gesagt, gewesen war. Der Zug auf Plattform drei wartete lediglich auf seine Rückfahrt in neunzig Minuten. Der nächste nach Cork, würde in etwa derselben Zeit fahren. Vorher würden hier noch zwei weitere Züge durchfahren. Damit war dieser Tag also auch gerettet dachte ich bitter in mich hinein. Andererseits, es könnte schlimmer sein. Das hatte ich mittlerweile gelernt. Hier gab es einen Pub, ich würde ihn besuchen. Das Wetter war ohnehin unfreundlich, also konnte ich ohne weiteres, die nächsten eineinhalb Stunden dort verbringen. Ich machte mich also wieder auf den Weg, aus dem Bahnhof hinaus und bei den Büschen vorbei, die mir vorher so dienlich gewesen waren. Die wenigen Häuser hier, lagen dicht beieinander und das Pub war das äußerste. Man sah von hier aus gut zum Bahnhof und es war eine weitere Freude ein Schild an der Eingangstür des Pubs zu sehen, das mich darüber informierte, dass man hier Darts spielte. Daneben hing ein weiteres Schild mit dem Wort „closed". Wunderbar. Und als ob das nicht genug gewesen wäre, brach plötzlich ein Schauer aus allen anwesenden Wolken los, den ich so wohl noch nie erlebt hatte. Ich stand vor dem geschlossenen Lokal und wurde von Sekunde zu Sekunde immer nasser. Ich spürte den Regen mittlerweile überall auf meiner Haut, während ich, als wäre der Leibhaftige hinter mir her zurück zum Bahnhof zur legendären Geisterstation, Limerick Junction lief. Dort angekommen konnte ich mich im Wartesaal vor den Wassermassen, die gerade noch auf mich und nun, ohne Ende auf die Erde herniederbrachen, in Sicherheit bringen. Es tropfte von meiner Nase und von meinem Kinn. Ich hatte Wasser an allen Stellen meines Körpers, meine Kleidung war, als hätte ich sie frisch gewaschen und müsste sie nun zum Trocknen aufhängen, und da es auch nicht gerade warm war, begann ich ein wenig zu frösteln. Was konnte ich jetzt aus dieser Situation machen? Mitten im Nirgendwo, nass bis auf die Haut und keine Möglichkeit wieder nach Hause zu kommen. Ich konnte nichts anderes tun, als hier zu warten und mit dem Zug, mit dem ich gekommen war, wieder zurückzufahren. Cork konnte ich in diesem Aufzug vergessen. Ich nieste. Natürlich, das musste ja auch noch kommen. Wahrscheinlich würde ich am nächsten Tag mit vierzig Grad Fieber in meinem Bett liegen und schwitzen, sodass ich genauso nass wie jetzt sein würde. Letztendlich waren es nur neununddreißig Grad.

Shot 12

Sheila hatte mir am Abend nach meiner Ankunft eine Kanne heißen Tee gekocht, dazu das mittlerweile vertraute Glas mit heißem Whiskey. Wie ich es letztendlich wieder hierher geschafft hatte, war mir selbst ein Rätsel. Ich hatte in Limerick Junction erst einmal auf die Abfahrt meines Zuges warten müssen, und das, in bis auf die Haut durchnässter Kleidung. Die Heimreise selbst war die reinste Hölle gewesen. Nicht nur, dass alle Mitreisenden mich mit argwöhnischen Blicken musterten, da mittlerweile strahlender Sonnenschein vorherrschte und es sich anscheinend niemand erklären konnte, warum ich so nass war, nein, auch quälte mich ein überaus unangenehmes Gefühl der Kälte. Es fröstelte und schüttelte mich in regelmäßigen Abständen und ich musste andauernd niesen.

Jetzt lag ich, wie schon so oft in meinem Bett und hatte die Decke bis zum Kopf hochgezogen. Mir war immer noch kalt und trotzdem schwitzte ich. Nachdem mir Miss Roth ihre Suppe zum Frühstück gebracht hatte, fragte sie mich, ob sie Doktor Kellschagg etwas bestellen sollte. Ich meinte, sie könne ihn höchstens abbestellen, falls er kommen würde. Ich brauchte nichts von ihm. Ich würde warten bis es mir besser ging und dann sang und klanglos aus Piercetown verschwinden. Bis es mir etwas besser ging, nicht bis ich wieder völlig gesund war. Das könnte ich auch woanders werden. Dazu brauchte ich diesen verfluchten Ort nicht. Ich fühlte mich mies und trank Tee in kleinen Schlucken. Ich würde zu Miss Roth in die Küche gehen und nach heißem Whiskey verlangen. Der einzige Lichtblick während meines Leidenswegs hier. Sheila war zu meinem großen Glück auch wirklich in der Küche, saß an dem kleinen Tisch neben dem Fenster, trank offensichtlich Tee und blätterte in einer Zeitschrift.

„Ich möchte sie nicht stören, aber wäre es möglich, wenn sie mir nochmal diesen heißen Whiskey zubereiten könnten?"

„Klar, selbstverständlich. Ich mache ihnen gleich ein großes Glas."

„Ja, bitte. Und geben sie ruhig genügend Whiskey hinein, ich möchte versuchen ein wenig zu schlafen; ich bezahl ihnen die Flasche ohnehin."

„Sie haben doch einige Male kein komplettes Frühstück gegessen und stattdessen nur Suppe, das geht schon in Ordnung. Ich kann es ihnen ja nicht doppelt verrechnen."

„Wieso doppelt?"

„Ach nichts; nur, wenn sie kein Frühstück essen, das aber im Preis inkludiert ist, kann ich doch dafür nichts verlangen. Das ist schon ok, glauben sie mir. Und jetzt ab ins Bett, ich bringe es ihnen schon hinauf."

„Wenn sie meinen, ich denke nur, ich mache ihnen mehr Umstände als notwendig und sie haben mit mir mehr Arbeit, als wäre ich ein normaler Gast."

„Sie sind ein normaler Gast und ich habe auch nicht mehr Arbeit. Ich mache Frühstück, ob das Würstchen oder Suppe ist bleibt sich doch gleich und Tee koche ich ja ohnehin. Der Whiskey ist sozusagen Service des Hauses."

Sie sah mich an, schmunzelte und meinte noch: "gehen sie jetzt hinauf, ich bringe ihnen ihren Whiskey schon, keine Angst."

Damit stand sie auf und holte einen Topf aus dem Kasten um ihn auf den Herd zu stellen. Ich stand noch kurz in der Tür um zu sehen wie sie meine Medizin zubereitete und machte mich dann, Stufe für Stufe, über die Treppe hinauf auf den Weg in mein Zimmer. Ich wollte mich wieder hinlegen. Hunger hatte ich keinen, aber ein eigenartiges Gefühl in meinem Magen. Und da spürte ich es schon, ich musste die Toilette umgehend aufsuchen. Das tat ich auch und hatte so für die nächste halbe Stunde einen Sitzplatz. Als ich wieder in mein Zimmer kam, stand ein großes Glas mit bernsteinfarbener Flüssigkeit auf dem Tisch. Es hatte gerade die Richtige Temperatur um von mir getrunken zu werden. Es erwärmte meinen Körper und mir schien, als lege sich ein wohliger Schleier über meine Beschwerden. Ich legte mich wieder hin, deckte mich zu und schloss meine Augen.

Als ich das nächste Mal aufwachte ging es mir zwar nicht besser, jedoch hatte ich es mittlerweile satt, einfach herumzuliegen. Ich raffte mich auf und trank den Rest des Tees aus, der schon kalt geworden war. Ich sah auf die Uhr, es war halb vier. Ich hatte also wieder einige Stunden geschlafen. Ganz sicher würde mir Miss Roth ihr Telefon wieder ausleihen, sodass ich Karin anrufen konnte, um sie über den aktuellen Stand zu informieren und außerdem wollte ich ihr Angebot annehmen, eine weitere Woche hierzubleiben. Ich machte mich auf den Weg hinunter, jedoch war Miss Roth nicht in der Küche. Ich versuchte sie im Garten hinter dem Haus zu finden, dort war aber auch niemand. War sie einkaufen oder hatte sie sonst etwas zu erledigen? Ich sichte in den unteren Räumen weiter nach ihr, fand sie aber nirgends, konnte dabei aber einen Blick in ihr Schlafzimmer werfen, das schlicht eingerichtet war, aber einen Spiegel an der Decke aufwies. Nun, Sheila Roth war bei Gott kein stilles Wasser, das hatte sie in den letzten Wochen mehrmals bewiesen, ich würde mich nicht wundern das eine oder andere unterstützende Utensil in ihrem Kasten zu finden. War dieser Gedanken nun schon zu viel gewesen? Ich schloss eilig die Tür, als ich vernahm, dass die Schnalle der Haustür gedrückt wurde. Es war John Keenan der eintrat.

„Ist Sheila da?"

„Nein, ich habe sie selbst gesucht."

„In ihrem Schlafzimmer?"

„Nein, ich wusste nicht, dass es das Schlafzimmer war."

„Was ist los mit ihnen, warum laufen sie so herum? Sind sie schon wieder krank?"

„Ja, ein wenig, aber es wird schon."

„Ich werde ihnen Doktor Kellschagg vorbeischicken, der wird ihnen helfen können."

„Nein, der hat mir gerade noch gefehlt. Ich werde mich ins Bett legen, das reicht vollkommen. Sheila hat mir ohnehin Tee und Suppe gekocht. Ich bin in den besten Händen, glauben sie mir."

„Das glaube ich ohne zu zögern."

Keenan lachte und ging wieder. Gott sei Dank, der hatte mir gerade noch gefehlt. Ich zog mich wieder in mein Zimmer zurück. Dort widmete ich mich zum ersten Mal seit meiner Ankunft den Büchern und Romanheften in meinem Zimmer. Hatte Miss Roth sie alle gelesen oder sie auf gut Glück gekauft, um ihren Gästen eine Auswahl der gängigsten Titel auf dem Taschenbuchmarkt zu bieten. Neben Stephen King und John Grisham standen Rosamunde Pilcher und Joanne K Rowling. Alles was sie miteinander verband, war wohl, dass diese Bücher allesamt Bestseller gewesen waren, mein Interesse aber nicht wecken konnten, ganz besonders nicht in Englisch. Ich las englische Bücher nur in Ausnahmefällen, zum Beispiel wenn es keine deutsche Übersetzung dafür gab. Nicht weil ich mit dem Englischen auf Kriegsfuß stand, sondern weil ich ganz einfach zu faul war, mich darauf einzulassen. Denn hatte ich einmal damit begonnen, machte es ohnehin nicht viel Unterschied für mich.

Die Romanhefte waren da einiges interessanter. Diese Art von Billigliteratur gab es wohl an jedem Fleck der Erde. Ärzte, Gangster, Verführer, alle waren sie da und mussten wohl aus längst vergangenen Zeiten stammen, denn die Seiten waren stark vergilbt. Die Hefte selbst aber in einem recht guten Zustand. Entweder stammten sie von einem Sammler oder waren nur einmal vorsichtig, beziehungsweise gar nicht gelesen worden. Ob solche Publikationen auch hier eine treue Fangemeinde hatten, oder ob sie längst vergessen waren? Ich würde es nicht herausfinden und auch gar nicht wollen. Mein Schädel brummte etwas mehr als vorher, sodass ich mich wieder unter die Decke verzog. Vielleicht konnte ich mich wieder ein wenig ausruhen, zumindest so lange bis Miss Roth wieder hier wäre und mir ihr Telefon geben könnte. Ich döste ein wenig vor mich hin, zum Schlafen kam ich nicht, denn anscheinend war ich für meinen Körper ausgeruht genug. Er ließ mich nicht abdriften, sodass die Zeit schneller verging. Ich musste die Minuten in Realzeit durchleben und hatte so die Möglichkeit Sheila beim Heimkommen zu hören.

„Dürfte ich wieder ihr Telefon benutzen, Sheila?"

„Aber gerne, wollen sie ihre Frau anrufen?"

„Ja."

„Hier, bitte."

Sie fischte es aus ihrer Tasche und gab es mir. Ich nahm es und bemerkte, dass es noch warm war. So nahe hatte ich ihr nicht kommen wollen. Ich ging wieder in mein Zimmer und wählte die Nummer von Karin samt Vorwahl.

„Ja?"

„Ich bins. Wie geht es dir?"

„Ach, ganz ok. Ich hab mich schon ans Alleinsein gewöhnt."

„Ich hoffe du gewöhnst dich wieder um, wenn ich zurück bin."

„Wann kommst du denn jetzt?"

„Ich weiß noch nicht, ich glaube, ich werde noch eine Woche dranhängen. Ich war ja bis jetzt die ganze Zeit über so gut wie nicht einsatzfähig."

„Geht's dir schon besser?"

„Im Moment gerade eigentlich nicht. Ich hab mich gestern wieder verkühlt, bin in den Regen gekommen."

„Hattest du deine Jacke nicht mit, unterstellen hilft auch oftmals."

„Ich erzähl dir alles wenn ich wieder daheim bin."

„Liegst du im Bett?"

„Ja, den ganzen Tag fast schon. Aber es geht schon."

„Mein armer Schatz, ich stelle mir das gerade fürchterlich vor, so alleine, krank, niemand der sich um einen kümmert."

„Nein wirklich, es geht schon. Sheila kümmert sich."

„Wer ist Sheila?"

„Ach, die Hauswirtin, sie kocht Tee und Suppe."

„Jemand der Sheila heißt, sieht mir aber nicht nach Tee und Suppe aus."

„Du musst dir keine Gedanken deswegen machen, ich sperre die Tür ohnehin in der Nacht ab."

„Das will ich auch meinen."

„Komm, vergiss das wieder, es ist nicht so wichtig."

„Ich versuchs, ist sie verheiratet?"

„Bitte lass das, das führt doch zu nichts."

„Sag schon, wie alt ist sie?"

„Ich weiß nicht wie alt sie ist, Mitte vierzig, ungefähr."

„Was ungefähr, eher vierzig oder eher fünfzig."

„Ich weiß es nicht, mir wird das jetzt zu blöd."

„Was heißt, dir wird das jetzt zu blöd. Du bist bei einer Sheila und möchtest eine Woche länger wegbleiben, was glaubst du, wie es mir denn dabei geht?"

„Du reimst dir das alles selbst zusammen. Und die Woche anzuhängen, war deine Idee, falls du dich noch erinnerst."

„Da wusste ich noch nicht von deiner Sheila."

„Es ist nicht meine Sheila."

„Das wär ja noch schöner. Also, ist sie verheiratet?"

„Nein, ja-"

„Was jetzt? Ist sies, oder ist sies nicht?"

„Nein, sie ist Witwe. Ihr Mann ist vor einigen Jahren ertrunken."

„Na da kommst du ja gerade recht. Sie ist wahrscheinlich überreif und platzt schon vor-"

„Hör jetzt bitte auf, so möchte ich nicht über sie sprechen. Du weißt ganz klar, dass du nichts zu befürchten hast, ich liebe dich."

„Ich liebe dich auch, aber zu wissen dass eine läufige Sheila vor deiner Nase herumtanzt und dir schöne Augen macht, ist auch nicht gerade eine tolle Vorstellung. Vor allem, wenn du fast zweitausend Kilometer weit weg bist."

„Bitte, lass das jetzt. Ich habe dir gesagt, du brauchst dich nicht sorgen. Abgesehen davon, möchte ich ohnehin weg von hier. Wenn es mir besser geht, fahre ich weiter."

„Ich vertrau dir ja, aber es ist oftmals so schwer."

„Ich liebe dich, keine Sorge."

„Keine Sorge, versprochen, ich liebe dich auch."

„Bis bald."

Ich trennte die Verbindung. Manchmal war es nicht einfach. Es hatte zwar seinen Reiz, mit einer leidenschaftlichen Frau zusammen zu sein, in diesem Punkt aber, würde ich Leidenschaftslosigkeit vorziehen. Ich brachte Miss Roth ihr Handy zurück. Karin war nicht zu Unrecht eifersüchtig. Sheila Roth versuchte anscheinend wirklich, mich zu verführen. Sie hatte sich umgezogen, trug einen gewagt kurzen Rock und das T-Shirt, das sie trug, gewährte einen tiefen Einblick. Möglicherweise wäre ich in einer anderen Situation schwach geworden, in dieser aber musste ich Miss Roth enttäuschen.

204

Pint III

Auf der Flucht

206

Shot 13

Miss Roth klopfte an die Türe. Sie kam mit einem Stapel Wäsche, meiner Wäsche. Ich bedankte mich und meinte zu ihr, dass sie es wohl ohnehin auf die Rechnung setzen würde. Aber sie winkte ab, das sei ein Service des Hauses. Ich bedankte mich abermals und sie ging wieder. Sie wirkte ein wenig niedergedrückt. Was in ihr wohl so vorging. Fern der Heimat, hatte sie versucht hier ein neues Leben zu beginnen und schien jetzt aber wohl noch verlorener als in Boston. Als kurzfristige Abwechslung zur Großstadt mochte Piercetown ja verlockend sein, eine Dauerlösung war es aber sicherlich nicht, man musste aus einem anderen Holz geschnitzt sein als Miss Roth um es hier als angenehm zu empfinden.

Sie hatte alle meine Kleidungsstücke gebügelt. Das erinnerte mich seltsamerweise an meine Großmutter, die auch solche Eigenarten gehabt hatte, gebügelte Socken und so weiter. Und zu Weihnachten jedes Jahr, Taschentücher oder eben Socken. Sie war der Meinung gewesen, ein Mann könne nie genug Socken haben. Ich versuchte gerade meinen Rucksack mit meinen

Kleidungsstücken zu füllen, als Miss Roth abermals klopfte. Sie brachte mir die Rechnung. Zwanzig Übernachtungen mit Frühstück zu jeweils 22 Euro, das machte zusammen 440. Ich würde ihr 500 geben.

„Sie haben ihre wunderbare Suppe nicht auf die Rechnung gesetzt."

„Sie haben ja auch nicht jeden Tag ausgiebig gefrühstückt, somit gleich sich das aus."

Womöglich hatte sie Recht. Ich nahm meine Geldbörse zur Hand und zählte den Betrag ab. Dann übergab ich ihr die Scheine, die sie umgehend einsteckte.

„Ich hoffe sie hatten trotz aller Widrigkeiten einen angenehmen Aufenthalt."

„Das könnte ich nicht so sagen. Hier bei ihnen war es aber in Ordnung. Ist mein Pass mittlerweile aufgetaucht? Ich habe ihn bisher noch nicht gefunden."

„Es tut mir leid Mr Miller, aber mir ist er nicht untergekommen. Ich habe ihn nicht gefunden und er war auch nicht bei ihrer Wäsche."

„Hatte ich ihn denn dabei, als ich hier eincheckte?"

„Ich kann mich beim besten Willen nicht mehr daran erinnern. Ich glaube nicht."

„Wo ich den wohl wieder verloren habe. Aber anscheinend stand die ganze Reise ohnehin unter einem schlechten Stern. Würde mich nicht wundern, wenn der also auch spurlos verschwunden wäre. Ich werde in Cork wohl zur Garda gehen, vielleicht kann man mir dort ja helfen."

Miss Roth senkte den Blick und verließ das Zimmer. Ich wäre gleich fertig mit Packen und würde mich dann auf den Weg nach Cork machen. Heute würde ich die direkte Buslinie in Anspruch nehmen. Ich würde jetzt ausschließlich auf Nummer sicher gehen. Mir passierte anscheinend selbst dann etwas, wenn es unmöglich schien. Wenigstens die letzte Woche wollte ich in Frieden verbringen.

Ich schulterte mein Gepäck öffnete die Türe und trat auf den Gang. Ich schloss die Türe und zog den Schlüssel ab, um ihn Sheila Roth in die Hand zu drücken, die unten auf mich wartete.

„Danke für ihre Gastfreundschaft. Ihre Suppen waren eine Wohltat und haben mich durch eine schwierige Zeit gebracht."

„Aber das war doch gar nichts, bloß Suppe."

„Es gibt Zeiten, da wirkt auch eine Suppe Wunder. Genauso wie dieses Whiskeygebräu. Was ist da das Geheimnis? Einerseits wirkt es sensationell, und als wäre das nicht schon genug, schmeckt es auch noch wahnsinnig gut. Wie machen sie das?"

„Ich würde mal sagen, dass das gar nichts ist. Whiskey mit Wasser und etwas Zitrone, dazu Nelken und Zucker."

„Das ist alles?"

„Das ist alles. Keine geheime Zutat."

„Sensationell. Danke nochmals."

Wir gaben uns die Hand, dann drehte ich mich um, um die Tür zu öffnen.

„Mr Miller…"

„Ja?"

„Ach nichts, gute Reise."

„Danke."

Die Tür fiel hinter mir ins Schloss und ich konnte Miss Roth dahinter stehen sehen. Sie hatte jetzt wieder Zeit für sich und ihre Gedanken. Zu viel Zeit, wie ich annahm. Keenan würde sie wieder regelmäßig besuchen um sich ein wenig Abwechslung zu verschaffen. Für ihn stellte Sheila einen Quantensprung dar, für sie war er eine Notlösung. Nun gut, auch wenn es hier trist aussah, genauso trist wie in so vielen Beziehungen, ich konnte daran auch nichts ändern. Miss Roths Hoffnungen musste sie nun ein für alle Mal begraben. Meine Chancen auf einen angenehmen Aufenthalt, standen nun aber so gut wie schon lange nicht mehr. Ich würde versuchen nach Rosslare zu kommen, dort den Bus nehmen und in spätestens zwei Stunden würde ich in Cork sein. Ich warf einen letzten Blick auf Piercetown und verließ dann, den Platz vor der Kirche querend, diesen Ort, den ich wohl mein ganzes Leben lang nicht mehr vergessen würde. Mein Ziel vor Augen, schritt ich zügig die Landstraße entlang. Diese Insel hatte etwas Magisches an sich. Wenige Minuten alleine und in der freien Natur und man fühlte sich frei und wie neugeboren.

Hinter mir hielt ein Wagen. Und um dem Ganzen die Krone aufzusetzen, also als krönenden Abschluss sozusagen, sah ich, als ich mich umdrehte, John Keenan in seinem Toyota Hiace sitzen. Der hatte mir gerade noch gefehlt. Ich hob die Hand zum Gruß, drehte mich aber wieder um und ging weiter. Keenan fuhr langsam weiter, sodass er alsbald neben mir her fuhr. Er hatte sein Fenster heruntergekurbelt.

„Wohin geht's denn heute?"

„Heute geht's nach Cork."

„Ich dachte sie waren schon in Cork."

„Nein, war ich nicht. Es kam da etwas dazwischen."

„Ach ja, das Unwetter. Darauf muss man hier immer gefasst sein."

„Ja, muss man. Das Wetter schlägt hier recht schnell um, das reine Glücksspiel."

„Eben, steigen sie ein, ich bring sie nach Rosslare. Dort wollen sie doch hin."

„Ja, dort möchte ich hin. Aber ich werde heute mal gehen. Es ist ja nicht so weit und in einer Stunde werde ich wohl dort sein. Ich habs heute nicht so eilig."

„Ach was, steigen sie schon ein. Ich nehme sie gerne mit."

Sein Englisch war gerade wieder etwas schwer zu verstehen; er verschluckte wohl jede zweite Silbe, sodass ich mich richtig anstrengen musste, dass ich ihn zumindest sinngemäß verstand. Und er ließ auch nicht locker. Also stieg ich ein, dass er mich nach Rosslare bringen konnte. Die nächste Stunde mit ihm, neben mir herfahrend zu überstehen, hätte mich wohl allzu viele Nerven gekostet. Soll er mich doch hinfahren; ich würde ihn letztendlich los sein, für den Rest meines Lebens.

Ich hatte bisher gar nicht bemerkt, dass Keenan Raucher war. Aber er hatte einen Zigarrenstumpen im Mund stecken, der fürchterlichen Gestank verbreitete. Was rauchte er da, irischen Torf? Ich würde ihn nicht fragen, ich suchte nicht verzweifelt nach einem Gesprächsthema. Sollte er doch fahren.

„Reisen sie schon ab oder machen sie nur einen Ausflug?"

„Ich reise schon ab. Sie wissen ja, dass ich vorhatte nur ein paar Tage zu bleiben. Diese Tage sind nun vorbei, also ziehe ich weiter."

„Schade, es hat ihnen doch bei uns gefallen, oder?"

„Sagen wir es so, es waren viele Erfahrungen die ich machen durfte und es war ein recht ungewöhnlicher Urlaubsaufenthalt, wer kann so etwas schon behaupten, wenn er wieder heimkommt."

Keenan schwieg. Ob er mir überhaupt zu hörte? Ich wusste es nicht. Was ich aber wusste war, dass wir in wenigen Minuten in Rosslare eintreffen würden und ich mir eine Busfahrkarte am Automaten kaufen würde. Mit der würde ich auf meinen Bus warten, den ich dann freudig entern würde um einerseits endlich von hier zu verschwinden und andrerseits meinen Urlaub zumindest eine Woche lang zu genießen. Keenan zog immer wieder an seinem Stumpen und schaffte somit etwas, das schier unerreichbar schien, dass wir hier bald dieselbe Rauchbelastung als wie im Field hatten, wir waren wohl auch eine geschlossene Gesellschaft. Wir passierten das Schild, das uns darauf hinwies, dass wir Rosslare Harbour erreicht hatten. Vor uns lagen die weitläufigen Hafenanlagen, dezentes geschäftiges Treiben war auszumachen und dahinter lag die See. Ein willkommener Anblick, zumindest für mich. Keenan blieb am Parkplatz vor dem Fährhafen stehen.

„Wir sind da. Falls sie wieder einmal in der Gegend sind, schauen sie doch vorbei."

„Ich weiß nicht so recht", sagte ich. Meine gute Erziehung beließ es aber nicht dabei. „Danke fürs mitnehmen. Machen sie es gut."

Ich öffnete die Tür, griff nach meinem Rucksack, der die Fahrt über zwischen meinen Beinen gestanden hatte, drehte mich nach links zum Aussteigen und dann war es als ob der Blitz einschlug. Ein grelles Licht zuckte auf und ich verspürte einen kurzen Schmerz. Ab da war alles dunkel.

Shot 14

„Er hat ja nicht auf mich hören wollen. Ich habe ihm ja gesagt, dass er sich schonen soll. Jetzt liegt er wieder im Bett."

„Und seine Übungen wollte er auch nicht machen."

„Ja, komische Geschichte. Verbringt die meiste Zeit seines Urlaubs im Bett und will sich letztendlich aber auch nicht helfen lassen."

Im Green Field herrschte die übliche Stimmung. Die Luft war dick und alkoholgeschwängert und der Lärmpegel relativ hoch. Es wurde gelacht, es wurde geflüstert und vor allem wurde geraucht. Im hinteren Raum saßen drei Männer an einem Tisch im letzten Winkel des Raumes. Es schien so, als wollten sie nicht gesehen werden. Verschwörerisch hatten sie ihre Stimmen gesenkt und raunten sich die Worte mehr zu als sie direkt auszusprechen. Es waren Dr Kellschagg, John Keenan und O´Malley. Jeder hatte ein volles Glas Bier vor sich stehen und Kellschagg paffte an einer dünnen Zigarre.

„Wir könnten ihm die Beine brechen."

„Das ist wohl etwas zu offensichtlich, mein Lieber."

„Aber im Fischbecken hat es ja fast funktioniert."

„Ja, da hatten wir Glück, aber stell dir vor es wäre ihm etwas Schlimmeres zugestoßen, dann hätten wir ihn wohl oder übel ins Krankenhaus bringen müssen."

„Ja, es sollte ihm nicht zu viel passieren. Wir hatten wirklich Glück, dass er sich seinen Schädel gestoßen hat; verdammtes Glück."

„Und das müssen wir jetzt ausnützen."

„Ich hätte ohnehin nicht gewusst, was ich hätte machen können."

„Nein, das war alles schon in bester Ordnung, sei froh, dass du ihn gesehen hast, als er weg wollte."

„Ja, Sheila hat mir nichts gesagt. Wir hatten es eigentlich so vereinbart, dass sie mich informiert, sobald er weg will."

„Ist jetzt auch egal. Schläft er?"

„Ja, er schläft, vor morgen brauchen wir nichts unternehmen. Ich werde nochmal bei Sheila vorbeischauen; wenn wir hier fertig sind."

„Wie lange ist er jetzt schon hier?"

„Ich glaube es sind an die drei Wochen."

„Na dann können wir ihn ja noch nicht weglassen, er hat ja fast noch nichts von Piercetown gesehen in dieser kurzen Zeit."

Das schien die drei Männer äußerst gut zu unterhalten, denn sie lachten aus voller Kehle, sodass man es quer durch das Lokal hören konnte. Ganz im Gegenteil zu ihrem vorherigen Getuschel.

„Also, meine Herren, was fällt ihnen so spontan ein. Eine kleine Lebensmittelvergiftung? Die hatten wir zwar schon, geht aber immer wieder. Miller hat eine gute Konstitution, er steckt das locker weg."

„Ja, aber es ist etwas einfallslos. Und was für eine Therapie sollten wir ihm dann denn vorschlagen, eine auf die er auch einsteigt."

Wieder lachten alle auf. Zur etwa selben Zeit waren Mark Fitzpatrick und James O´Donnel auf dem Weg ins Field. So wie fast jeden Abend wollten sie den Tag dort ausklingen lassen, beziehungsweise, den nächsten nach Möglichkeit dort beginnen. Als sie den Gastraum betraten blickte niemand von den Gästen auf. Wer würde sich denn schon um diese Zeit hierher verirren? Die beiden holten sich jeder ein Bier und setzten sich in den hinteren Raum neben den Tisch mit den drei Verschwörern.

„Es wäre viel leichter, wenn Miller Schwindelanfälle oder schwächliche Phasen haben würde. Da gäbe es beliebig viele Möglichkeiten ihm zu helfen. Wäre er zwanzig Jahre älter, könnten wir schon das eine oder andere zu Wege bringen."

„Aber er ist ja auch noch so stur."

„Ja, ich habe das schon bemerkt, lässt sich nicht helfen und schlägt alle Warnungen und Ratschläge in den Wind."

„Meine Herren, bitte. Wir müssen jetzt einen kühlen Kopf bewahren. Wir haben nicht mehr allzu viel Zeit. Miller wird, wenn er wieder munter ist, falls er es ohnehin noch nicht ist, fragen was passiert sei. Da kann er ruhigen Gewissens die Wahrheit erfahren. Was dann aber passieren wird, mit allerhöchster Wahrscheinlichkeit ist, dass er schlussendlich wirklich abreist; und das liegt doch nicht in unserem Interesse, oder?"

„Nein, das liegt bestimmt nicht in unserem Interesse. Aber wie können wir seine Abreise denn nun wirklich verhindern?"

„Deswegen sind wir ja hier, wir müssen eben nachdenken, wir brauchen eine zündende Idee."

„Und wenn wir ihn von einem Auto anfahren lassen?"

„Blödsinn! Das können sie ja schlecht planen. Zuviel wäre auch nicht gut, dann können wir ihn gleich hier begraben. Was haben wir dann davon?"

„Ja, gar nichts. Er bräuchte was chronisches, das ihm immer wieder zu schaffen macht. Blutarmut, gibt es das heute überhaupt noch?"

„Ach, reden sie doch keinen Schwachsinn."

„Oder eine Seuche. Wir könnten ihm sagen, er habe irgendein seltenes Virus und wir müssten ihn unter Quarantäne stellen."

„Und was für ein Virus soll er haben? Den, der wahnsinnig ansteckend ist, wo man aber nichts bemerkt. Der ist doch nicht blöd."

Die drei waren noch lange in ihr Gespräch vertieft, bis einer von ihnen, es war O´Malley, eine Idee hatte. Sie verabredeten sich für sieben Uhr am nächsten Morgen, tranken ihr Bier aus und bezahlten. Dann gingen sie, jeder in seine Richtung. O´Malley fuhr mit seinem Pick up zurück zu seiner Farm, überfuhr einen Hasen auf dem Heimweg und legte sich samt seiner Schuhe neben seine Frau ins Bett. Keenan fuhr mit dem Toyota zu seinem, kurz vor dem Verfall stehenden Landhaus, nachdem er Miss Roth einen kurzen Besuch abgestattet hatte. Er sah noch eine Weile fern. Der Empfang war zwar grottenschlecht, doch das störte Keenan nicht. Es bewegten sich bunte Bilder und er fühlte sich nicht ganz so allein, als würde er zwei Zimmer weiter neben seiner Frau im Bett liegen. Dr Kellschagg aber ging in seine Praxis. Nicht, dass er dort wohnte, auch nicht nur gelegentlich übernachtete. Nein, er hatte noch etwas vorzubereiten. Morgen würde der Tag früh beginnen und es musste alles bereit sein.

Fitzpatrick und O´Donnel hatten sich noch ein weiteres Bier geholt, rauchten mittlerweile die letzten Zigaretten aus der gemeinsamen Packung und mussten wohl erst das Gehörte zuordnen und überdenken. Es war ein langer Abend jedoch ein ereignisloser Tag wie sonst auch gewesen. Die eben belauschte Besprechung war eine willkommene Abwechslung in der ländlichen Tristesse und wenn es wirklich um das ging, was sie glaubten, hatten sie nun endlich eine Aufgabe. O´Donnel trank sein Glas in einem Zug leer.

„Ich glaube wir sollten uns auf den Weg zu Miss Roth machen."

„Glaubst du, sie ist noch wach?"

„Vollkommen egal, aber wir müssen zu ihr; und zu Miller. Außerdem wollte Keenan ja nochmals zu ihr. Auf jeden Fall müssen wir vorsichtig sein."

„Ja, das müssen wir."

Shot 15

Während emsig Verschwörungspläne geschmiedet wurden, lag ich in meinem Zimmer auf dem Bett und schlief. Als ich aufwachte, war es rund um mich finster und ich hörte Stimmen vor meiner Tür. Es waren Keenan und Sheila.

„Lasst ihn doch in Ruhe, er möchte einfach nur Urlaub machen."

„Wir lassen ihn doch. Kellschagg ist der Meinung, dass wir auf ihr Acht geben müssen. Du weißt doch, er war andauernd krank und jetzt hat er sich auch noch den Kopf gestoßen."

Ich griff mir an selbigen und bemerkte eine schmerzhafte Beule an meiner Stirn. Das Letzte an das ich mich erinnern konnte war, dass ich mit Keenan in seinem Toyota saß und er mich nach Rosslare bringen wollte.

„Wer sagt mir, dass du da nicht ganz unschuldig daran bist. Was habt ihr vor mit ihm?"

„Nichts Sheila, es geht nur um seine Gesundheit. „

„Ihr wollt ihn doch nur ausnehmen."
„Sheila, nein. Ich muss jetzt nach Hause. Roisin wird sich schon Gedanken machen, wo ich denn bleibe."

„Das glaubst du doch selbst nicht. Entweder säufst du oder du tröstest irgendeine trauernde Witwe. Hier ist man ja auf dich angewiesen, die Auswahl hält sich ja in Grenzen."

„Heute lässt du wieder deinen ganzen Charme spielen. Also, bis morgen. Und wenn er gehen möchte, dann ruf mich sofort an."

„Wozu das denn?"

„Ruf mich einfach an, ja."

Schritte entfernten sich, kurz darauf hörte ich wie die Tür zuschlug und jemand kam abermals die Stufen hoch. Dann vernahm ich ein sachtes Klopfen.

„Kommen sie herein, Sheila."

„Sie sind wieder munter, sehr gut."

„Was geht hier vor, Sheila? Ich konnte nicht umhin, ihrem Gespräch mit Keenan zu lauschen. Was will man hier von mir?"

„Ach, gar nichts. Trotzdem würde ich vorschlagen, dass sie gehen. Sie wollten ohnehin weg."

„Aber es ist mitten in der Nacht, wie soll ich um diese Uhrzeit von hier wegkommen?"

„Ich weiß es nicht."

Es läutete. Sheila sah mich an und tat sich schwer dabei, die Bestürzung in ihren Augen zu verstecken. Sie drehte sich um und ging hinunter um zu öffnen. Kurz darauf hörte ich zwei vertraute Stimmen und Gepolter als Fitzpatrick und O´Donnel mit Sheila im Schlepptau zu mir hochkamen.

„Mr Miller, kommen sie, wir bringen sie weg von hier. Sie wollten ohnehin abreisen, lassen sie uns ihnen helfen."

„Nicht ohne, dass ich erfahre, was hier los ist."

„Mr Miller, das können wir ihnen auch nicht sagen, aber Kellschagg, O´Malley und Keenan waren vorher im Field und hielten Rat. Da kommt nie etwas Gutes dabei raus. Kommen sie, schnappen sie sich ihre Sachen und lassen sie uns fahren."

„Wohin?"

„Ja, gute Frage, wohin wollten sie denn?"

„Cork."

„Ok, das sind knappe zwei Stunden Fahrt. Das schaffen wir schon. Miss Roth, können sie uns etwas zusammenpacken, haben sie was zu trinken im Haus, ein paar Sandwiches?"

„Ich werde nachsehen was ich da habe, es wird sich schon etwas finden."

Sheila verließ den Raum mit O´Donnel. Fitzpatrick blieb bei mir.

„Wo ist ihr Gepäck?"

„Ich weiß es nicht. Vielleicht weiß es Miss Roth."

„Miss Roth, wo ist Mr Millers Gepäck?"

Sheila kam aus der Küche und sah zu uns hoch.

„Sie hatten keines dabei, Mr Miller."

„Mein Gott, dann liegt es wahrscheinlich noch in Keenans Toyota. Wie kommen wir da ran?"

„Keine Ahnung Mr Miller, das werden wir aber auch noch schaffen. Kommen sie."

Ich warf noch einen letzten Blick in mein Zimmer, schloss dann die Türe, sah zum Badezimmer hinüber, hatte noch einmal die nackte Sheila Roth vor Augen und stieg dann die Stufen hinunter. Wir versammelten uns alle in der Küche. Sheila hatte einige Sandwiches gemacht und fünf Flaschen Bier auf den Tisch gestellt. Ich kramte in meiner Hosentasche und legte einen Zehneuroschein auf den Tisch. Sheila wollte ihn mir kopfschüttelnd zurückgeben, ich nahm ihn aber nicht an.

„Mr Miller, sie hatten in ihrem Urlaub ohnehin einige Unannehmlichkeiten, lassen sie das."

„Nein, nehmen sie es ruhig, es ist für die Sandwiches und das Bier."

Mit diesen Worten nahm ich mir ein Sandwich und schlang ihn regelrecht hinunter. Da ich den halben Tag wieder schlafend verbracht hatte, hatte ich einerseits mächtig Hunger und Durst, andrerseits aber war ich richtig ausgeruht und putzmunter zu dieser späten Stunde. Ich nahm mir noch ein Sandwich und öffnete eine der Guinnessflaschen, trank und spülte damit das erste Sandwich direkt in meinen Magen.

„Mr Miller, beeilen sie sich. Sie können im Auto essen."

„In welchem Auto?"

„James nimmt den Wagen seines Vaters. Wenn wir ihn vor sechs Uhr morgen zurückstellen, dann fällt es nicht auf. Also, beeilen sie sich, wir müssen noch zu Keenan."

Sheila verließ die Küche um kurz darauf wieder zurückzukommen. Sie gab mir meinen Pass.

„Der muss sich irgendwo versteckt haben. Als sie weg waren, habe ich ihn im Zimmer gefunden. Ich wollte ihn ihnen ohnehin nachsenden."

„Hat die Sache also doch noch etwas Gutes."

„Ja, offensichtlich. Es war schön sie hier zu haben, vielleicht kommen sie ja wieder mal-"

Sie hielt kurz inne, schüttelte den Kopf und sah mich mit einem wehmütigen Lächeln an.

„Passen sie gut auf sich auf."

„Das werde ich, Sheila. Danke für alles."

Ich folgte Fitzpatrick und O´Donnel zur Tür, blieb davor aber noch einmal stehen und drehte mich um.

„Vielleicht ist das hier doch nicht das Richtige für sie; ein Neuanfang geht sich auf jeden Fall noch aus."

Ich schloss die Tür hinter mir und lief hinter den beiden jungen Männern her.

„Wir werden erst das Auto von meinem Vater holen und dann zu Keenan fahren. So sind wir schneller weg, falls uns jemand entdeckt."

„Ein eigenartiger Urlaub ist das hier. Es scheint mir fast eine Flucht zu sein."

„Glauben sie uns Mr Miller, es ist besser so. Hier spinnen alle ein wenig und umso weniger wir jetzt auffallen, umso besser ist es. Jetzt rechts."

Wir gingen eine schmale Gasse entlang und blieben vor einem ebenerdigen Gebäude stehen. Die Farbe war jetzt beim spärlichen Mondschein nicht wirklich zu erkennen und die meiste Fläche der Hausfront versteckte sich ohnehin unter dichtem Efeuwuchs. Davor stand ein blauer Honda Civic, der sicherlich auch schon bessere Zeiten gesehen hatte. James O´Donnel verschwand auf einen Sprung im Haus um sogleich mit dem Schlüssel wiederzukommen. Ich nahm, neben mir den Reiseproviant, auf der Rückbank Platz. O´Donnel startete und schon waren wir unterwegs. Keenan wohnte anscheinend nicht weit entfernt, denn nach kurzer Fahrt sah ich seinen Toyota vor einem kleinen und selbst bei schlechtem Licht, baufälligem Häuschen stehen. Wir hielten. Weit und breit war keine Gestalt auszumachen und im Haus selbst, schienen alle Lichter gelöscht zu sein.

Fitzpatrick stieg aus und schlich zu Keenans Wagen. Er sah bei einem der Fenster hinein, drehte sich dann zu uns herüber und zeigte mit dem Daumen nach oben. Keenan hatte sich nicht einmal die Mühe gemacht meinen Rucksack zumindest zuzudecken. Wahrscheinlich hatte er wohl gar nicht mehr an ihn gedacht, nachdem er mich zu Miss Roth wieder zurückgebracht hatte.

Fitzpatrick klappte den Sitz nach vorne und übergab mir mein Gepäck. Dann stieg er ein und wir fuhren umgehend los, O´Donnel hatte den Motor laufen lassen. Ein wenig erinnerte mich diese ganze Aktion an schwarzweiß Krimis aus dem Nachtprogramm. Wir hatten eine klare Mission zu erfüllen und niemand sollte uns dabei entdecken, im Dunkel der Nacht fühlten wir uns aber sicher. Ging bei Keenan gerade ein Licht an? Ich konnte es nicht mehr sehen, wir waren schon zu weit entfernt, aber es kam mir so vor, als hätte ich gerade einen Lichtschein bemerkt. Ich wollte die beiden nicht zusätzlich verunsichern, also behielt ich meine Beobachtung für mich.

„Keenan hatte seinen Toyota nicht einmal abgeschlossen. Ihren Rucksack hätte sich jeder herausnehmen können."

Wir fuhren weiter in die dunkle Nacht hinein. Es ging schnell voran, wir hatten keinerlei Gegenverkehr und James O´Donnel war ein ortskundiger Fahrer. Das Gefühl, das wir verfolgt würden, hatte ich aber immer noch nicht verdrängen können. Ich blickte des Öfteren aus dem Rückfenster, konnte aber nichts erkennen. Oder waren dort hinten, weit entfernt, Scheinwerfer zu sehen. Ich war mir wirklich nicht sicher und so zog ich es nun doch in Betracht meine beiden Reisebegleiter einzuweihen.

„Glauben sie mir, ich sehe nichts."

„Ich bin mir ja nicht sicher, ich hatte nur den Eindruck, dass bei Keenan ein Licht anging, als wir wegfuhren."

„Und jetzt verfolgt er uns? Es könnte jemand anderes auch um diese Zeit unterwegs sein. Und warum sollte er uns verfolgen, wie kann er wissen, dass sie hier sind?"

„Vielleicht hat er uns beobachtet?"

„Möglich ist vieles, es scheint mir aber unwahrscheinlich."

„Wissen sie was wir tun werden. Ich kenne hier, nicht unweit entfernt eine Scheune, dort werden wir uns kurz verstecken und warten bis dieses Auto vorbei gefahren ist, sofern wirklich eines hinter uns her ist."

Wir fuhren noch ein paar Minuten, O´Donnel hatte das Licht abgedreht, dann bogen wir rechts ab, fuhren einen kurzen Feldweg entlang auf eine Scheune zu, wie sie hier sehr häufig vorkamen und blieben stehen. Fitzpatrick sprang aus dem Wagen, öffnete das Tor, das unverschlossen gewesen war und O´Donnel lenkte den Wagen umgehend hinein. Das Tor wurde geschlossen und O´Donnel und ich stiegen aus.

„So, jetzt warten wir mal ab. Nutzen wir die Zeit und essen Miss Roths Sandwiches. Wie viele haben wir noch?"

„Drei sind noch da. Das wäre für jeden einen. Vier Flaschen Bier haben wir auch noch."

Fitzpatrick teilte reihum aus, wir saßen und kauten und schluckten während O´Donnel dabei die Straße im Auge behielt.

„Hier kommt ein Wagen, wartet."

Wir alle hielten den Atem an. Mir schlug das Herz bis zum Hals und dann sagte O´Donnel: „ es ist Keenans Toyota. Dieses Aas verfolgt uns wirklich."

„Was machen wir jetzt?"

„Gar nichts, wir bleiben hier und warten. Ich kann mir nicht vorstellen, dass er weiß wohin wir wollen. Und wenn doch, Cork ist groß, wie will er uns dort finden und vor allem, was will er dann machen? Also schlage ich vor, dass wir jetzt einmal hierbleiben und abwarten."

Jetzt waren wir also handlungsunfähig. Für mich war die Situation angespannt, Fitzpatrick und O´Donnel hingegen, schienen gelassen. Sie tranken ihr Bier, teilten sich die letzte Falsche und rauchten dabei meine letzten Zigaretten. Ich dachte an Sheila. Sie hatte sich anscheinend mit ihrem Schicksal abgefunden. Andrerseits war sie eine starke Frau, sie konnte immer noch ein neues Leben beginnen. Das Haus konnte sie verkaufen um zumindest in eine Stadt ziehen zu können. Ich hoffte, dass meine Flucht, wie ich sie jetzt auch schon nannte, keine Probleme für sie mit sich brachte.

Mittlerweile warteten wir schon mehr als eine Stunde, da hörten wir entfernt einen Motor. O´Donnel sah wieder bei dem kleinen Fenster zur Straße hinaus und teilte uns mit, dass Keenan offensichtlich wieder in Richtung Piercetown unterwegs war. Er hatte die Jagd aufgegeben.

„Wir warten noch ein wenig, dann werden wir wieder starten. Wir haben zwar ein wenig Zeit verloren, aber das macht nichts. Zumindest können wir uns jetzt sicher fühlen."

Kurz darauf befanden wir uns wieder auf der Landstraße, unterwegs nach Cork.

Shot 16

Ich verabschiedete mich von Fitzpatrick & O´Donnel und erinnerte mich an mein erstes Treffen mit ihnen. Der erste Eindruck kann also doch täuschen. Ich erinnere mich zwar nicht mehr genau daran, welche Geschichte O´Donnel seinem Vater auftischen wollte, nur, dass es eine gute gewesen war. Bei der Erklärung selbst, würde ich aber auch nicht dabei sein wollen. Ich hatte beiden noch je einen Fünfzigeuroschein zugesteckt, für Sprit sagte ich, und sie hatten ihn jeder dankbar angenommen. Wenigstens spielten sie die Bescheidenen. Die beiden hatten mich direkt am Flughafen abgesetzt. Ich würde wieder mit der Fähre, dieses Mal aber nach Swansea fahren, um von dort aus heimzufliegen. Die nächste Woche würde mir gehören. Meine Reise hatte ich zwar völlig anders geplant und sie mir ebenso anders vorgestellt, Städte wollte ich meiden und nun war ich in einer der größten des Landes, aber ich wollte das beste aus der Situation machen. Das Beste, was in dieser einen Woche möglich war.

Die Morgendämmerung tauchte die Stadt in ein mystisches Licht und ich war froh, dass sich die elektrischen Schiebentüren der Abflughalle öffneten. Die Schalter waren hier zwar alle noch geschlossen, aber es gab vereinzelt Menschen, die auf ihren Abflug oder auf die Ankunft von Freunden oder verwandten warteten. Welche Geschichten sie wohl alle mit sich herumtrugen. Ich musste innerlich schmunzeln. Wer würde jemals, wenn er mich jetzt sehen könnte, als Rucksacktourist, auf die Idee kommen, dass ich gerade vor einem übereifrigen Hausarzt plus Helfershelfer in einer Nacht und Nebelaktion aus einem kleinen verschlafenen Dorf, nahe der irischen Küste zu fliehen versucht hatte? Wohl niemand.

In der weitläufigen Abflughalle befand sich, neben mehreren kleinen Geschäften und Fastfoodlokalen auch ein Zeitungsstand. Ich kaufte mir ein Exemplar der Irish-Times und setzte mich schräg gegenüber in einen kleinen Imbiss, der um diese Zeit, zu meiner Freude schon geöffnet hatte. Es war jetzt halb Fünf Uhr morgens. Ich suchte mir einen Platz, von dem aus ich die Halle im Blick halten konnte. Ein übermüdetes junges Mädchen, mit Servierschürze kam an meinen Tisch und versuchte mich freundlich zu fragen, was ich denn bestellen mochte. Wenig später saß ich bei meinem zweiten Kaffee, aß einen Donut und überlegte mir, ob ich, nachdem ich eine Bleibe gefunden hatte, mich erst einmal hinlegen sollte, oder in meinem etwas übermüdeten Zustand, der durchaus auch seinen Reiz hatte, einen Stadtrundgang starten. Ich würde mich später entscheiden. Karin würde ich im Laufe des Tages anrufen, ich hatte ohnehin Zeit genug, zumindest für die nächste Woche.

Shot 17

Viele Menschen bringen Souvenirs von ihren Reisen mit, unzählige Urlaubsfotos, Fahrkarten, Eintrittskarten und weiteres Kleinzeug; letztendlich aber sind es Erinnerungen, was man von einer Reise mitbringt. Photographien helfen dabei sich zu erinnern, an Plätze, Situation und Menschen. Souvenirs sind auch eine Möglichkeit Erinnerungen zu wecken. Aber die Erinnerungen an sich, sind unabhängig von materiellen Begleiterscheinungen. Um mich an meine Erlebnisse in diesen Wochen zu erinnern, würde ich keine Bilder, keine Fahrkarten benötigen. Der Wanderführer von Piercetown und Umgebung, der ein passendes Souvenir abgegeben hätte, bekam seinen wohlverdienten Platz im Papierkorb meiner Hauswirtin, die wohl auch die eine oder andere Erinnerung an meinen Aufenthalt für sich behalten würde. Ich hatte meinen schicksalhaften Aufenthalt in Piercetown in den Regionen meines Gehirns abgespeichert, in denen das Vergessen eine Art der Freude mit sich bringt. Bis zu den ersten Anzeichen einer Demenz, würde ich die Wochen hier, rege vor meinem inneren Auge ablaufen lassen können, zu eindrucksstark waren sie gewesen. Die Eigenarten der handelnden Personen waren so speziell gewesen, dass sie möglicherweise in naher Zukunft schon als unwirklich gelten könnten, vergessen würden sie wohl nicht.

Ich hatte auf dieser, meiner vierten Reise nach Irland, nicht viel vom Land gesehen, ich hatte nicht mit den Menschen hier leben können, so wie ich es eigentlich vorgehabt hatte, sondern sie hatten mit mir ein manchmal böses Spiel getrieben, dem ich, letztendlich aber entkommen war. Miss Roth, Sheila war mir dabei eine große Hilfe gewesen, hatte sie doch ihr durchaus persönliches Interesse an mir, hintangestellt um mir zu helfen. Ich hatte es geschafft, ich war zumindest auf meiner Heimreise. Später als geplant, aber doch. Ich würde mich an meine anderen Irlandaufenthalte erinnern können, sollte ich es wegen Land und Leute tun wollen.

Ich blickte auf die, sich langsam entfernende Steilküste und zündete mir die letzte Zigarette aus meiner John Players Packung an. Im inneren der Fähre, wo ich mir in wenigen Minuten ein Murphy´s genehmigen würde, herrschte striktes Rauchverbot.

240

Epilog

Janus
HEALTH

Helenengasse 34/23 – Postfach 7001 1020 Wien – Tel.: unter +43 1 536 82 98 – 0 – Fax: +43 1 536 82 98 99
E-Mail: office@janushealth.at Öffnungszeiten: Mo bis Do von 8.00 bis 15.00, Freitag von 8.00 bis 12.00 – www.janushealth.at

Herrn
Franz Müller
Seeschlachtweg 38
1110 Wien

Dezember 2012

Sehr geehrter Herr Müller!

Ihre Reisezusatzversicherung, die *Janus*HEALTH möchte sie mit diesem Schreiben darüber informieren, welche Leistungen Sie während der letzten Versicherungsperiode in Anspruch genommen haben. Mit dieser persönlichen Information bieten wir Ihnen einen Überblick ihrer, im Rahmen ihrer Reisezusatzversicherung „**travel***plus*" beanspruchten Leistungen. Dieses Service ist der Versuch einer größtmöglichen Kostentransparenz und ist für Sie selbstverständlich gratis.

Wir hoffen, dass unser Informationsservice dazu beiträgt, die Leistungen ihrer Zusatzversicherung „**travel***plus*" für sie transparenter zu machen. Sollten Sie fragen zu Ihrer Leistungsinformation haben, finden sie eine Liste von häufig gestellten Fragen unter www.janushealth.at/leistungsinfo

Für weitere Fragen wenden Sie sich bitte unter Angabe Ihrer Polizzennummer nach Möglichkeit per E-Mail an uns (office@janushealth.at). Telefonisch erreichen Sie uns unter +43 1 536 82 98 – 0 rund um die Uhr.

Wir bedanken uns für Ihr Vertrauen und hoffen Sie bald wieder zu unseren Kunden zählen zu dürfen.

Mit freundlichen Grüßen

*Janus***HEALTH**

Janus
HEALTH

Helenengasse 34/23 – Postfach 7001 1020 Wien – Tel.: unter +43 1 536 82 98 – 0 – Fax: +43 1 536 82 98 99
E-Mail: office@janushealth.at Öffnungszeiten: Mo bis Do von 8.00 bis 15.00, Freitag von 8.00 bis 12.00 – www.janushealth.at

Leistungsblatt für das Jahr 2012 (08-10) - dient ausschließlich zu Ihrer Information!

---

für Franz Müller 1517 15 05 72

Betrag in €

Ärztliche Hilfe:

Dr Kellschagg George MD	Arzt für Allgemeinmedizin	735,20
O´Malley Ann	O´Malley´s SPA	257,03
Keenan John	Emergency transport	142,22
Keenan Mary	Kneipp-works. Naturally.	98,99

Heilmittel:

Dr Kellschagg George (home pharmacy)	243,99

Summe: **1477,43**

243

Die Moral ist eine Hure – Ein Handbuch (2012)

Zuletzt erschienen:

Brot & Spiele (2013)

Standortbestimmung (2014)

Chucks Garage (2012)

HardcoreTroubadourDeluxe (2012)

Neues Album erscheint im Mai 2015!

w w w . g i r m i n d l . a t

247

248